AF810251

Die Parodie
im Urheberrecht

Dissertation
der Rechts- und staatswissenschaftlichen Fakultät
der Universität Zürich

zur Erlangung der Würde eines Doktors beider Rechte

vorgelegt von

Ernst Hefti

von

Mitlödi und Hätzingen

genehmigt auf Antrag von

Prof. Dr. Manfred Rehbinder

Die Rechts- und staatswissenschaftliche Fakultät gestattet hierdurch die Drucklegung vorliegender Dissertation, ohne damit zu den darin ausgesprochenen Anschauungen Stellung zu nehmen.

Zürich, den 12. November 1975 Der Dekan: Prof. Dr. H. Peter

Meiner lieben Frau Kathrin

Vorwort

Meinen herzlichen Dank möchte ich an dieser Stelle Herrn Professor Dr. Manfred Rehbinder aussprechen für seine freundliche Betreuung und kreative Kritik während der Entstehung dieser Arbeit.
Besonders danken möchte ich auch Herrn Dr. Ulrich Uchtenhagen, Direktor der schweizerischen Gesellschaft der Urheber und Verleger, SUISA, für die großzügige Unterstützung und Förderung, die er mir zuteil werden ließ.
Und nicht zuletzt schulde ich großen Dank Herrn Dr. Hermann J. Stern, Direktionssekretär der SUISA, für seine liebenswürdige Anteilnahme und manche kollegiale Aufmunterung.

Thalwil, im März 1977 Ernst Hefti

Inhalt

Einleitung
I. Teil: Rechtsvergleichende Übersicht ... 3
1. Kapitel: Bundesrepublik Deutschland ... 3
A. Die Parodie im deutschen Urheberrechtsgesetz ... 4
B. Die Parodie in der urheberrechtlichen Literatur ... 5
I. Die literarische Parodie ... 5
1. Literatur von 1880–1965 ... 5
2. Literatur von 1966 an ... 10
II. Die musikalische Parodie ... 11
C. Die Parodie in der Rechtsprechung ... 13
I. Zwei Urteile des Bundesgerichtshofes aus den Jahren 1957/58 ... 13
1. Der Fall „Sherlock Holmes" ... 13
2. Der Fall „Lili Marleen" ... 14
II. Das BGH-Urteil vom 26.3.71 – „Disney-Parodie" ... 15
III. Urteil des Landgerichts Berlin vom 13.12.72 ... 20
D. Zusammenfassung ... 21
2. Kapitel: Italien ... 22
A. Die Parodie im italienischen Urheberrechtsgesetz ... 22
B. Die Parodie in der urheberrechtlichen Literatur ... 23
C. Die Parodie in der italienischen Rechtsprechung ... 26
D. Zusammenfassung ... 29
3. Kapitel: Die Vereinigten Staaten von Amerika ... 29
A. Die Benutzung von geschützten Werken nach amerikanischem Recht ... 30
I. Substantial Appropriation ... 30
II. Die Doctrine of Fair Use ... 32
B. Die Parodie in der Rechtsprechung und Rechtslehre ... 34
I. Loew's Inc. gegen Columbia Broadcasting System ... 35
II. Columbia Pictures Corporation gegen National Broadcasting Corporation ... 38
III. Berlin gegen E.C. Publications Inc. ... 40
C. Zusammenfassung ... 42
4. Kapitel: Frankreich ... 44
A. Die Parodie im französischen Urheberrechtsgesetz und in der Rechtslehre ... 44
B. Die Parodie in der französischen Rechtsprechung ... 46
I. Jugement du Tribunal de Commerce de la Seine vom 26.6.34 ... 47

II. Jugement du Tribunal de Grande Instance de Paris vom 9.1.70 ... 48
C. Zusammenfassung ... 49
5. Kapitel: Schweiz ... 50
A. Die Parodie im schweizerischen Urheberrecht ... 50
B. Die Parodie in der Rechtslehre ... 52
C. Die Parodie in der Rechtsprechung ... 52
D. Zusammenfassung ... 55
6. Kapitel: Überblick und Schlußfolgerungen ... 55
A. Der Begriff der Parodie ... 55
B. Die grundsätzlich möglichen Behandlungsarten der Parodie im Urheberrecht ... 57
C. Kriterien für die rechtliche Würdigung der Parodie ... 60
II. Teil: Die Parodie als ästhetisches Phänomen ... 62
7. Kapitel: Erscheinungsformen und Begriffsbestimmung der Parodie ... 63
A. Die Entstehung des Parodiebegriffes ... 63
B. Die Parodie in der Antike ... 65
C. Die Parodie im Mittelalter ... 67
D. Die Parodie in der Neuzeit ... 71
I. Die Parodie in der Zeit zwischen 1600 und 1900 ... 71
II. Die Parodie im 20. Jahrhundert ... 79
1. Die Erscheinungsformen der Parodie ... 79
a) Die literarische Parodie ... 79
b) Die Parodien der übrigen Kunstgattungen ... 82
2. Begriffsbestimmungen im 20. Jahrhundert ... 85
8. Kapitel: Die Elemente und Hauptarten der Parodie ... 87
A. Die Elemente der Parodie ... 87
I. Die Absicht des Parodisten ... 88
1. Die rein komische, unterhaltende Absicht ... 88
2. Die kritische Absicht ... 89
3. Die wirtschaftlich schädigende Absicht ... 89
II. Das Objekt ... 89
III. Das Medium ... 89
1. Das Verhältnis zum Objekt ... 89
2. Die Charakteristik des Mediums ... 90
IV. Die Mittel ... 91
V. Die Wirkung ... 91
B. Die Hauptarten der Parodie ... 92

III. Teil: Die urheberrechtliche Problematik der Parodie und Vorschläge zu ihrer Lösung ... 94
9. Kapitel: Die Nutzungsrechte des Urhebers und die Werkverwendung des Parodisten ... 94

A. Die Situation des Parodisten ... 94
I. Vorbemerkungen ... 94
II. Die Notwendigkeit der Übernahme von geschütztem Material ... 95
III. Die konkreten Gestaltungsmöglichkeiten ... 97
1. Gestaltung in quantitativer Hinsicht ... 98
2. Gestaltung in qualitativer Hinsicht ... 98
B. Die Benutzungsmöglichkeiten im Urheberrecht ... 99
I. Umgestaltung und Bearbeitung ... 99
II. Das Problem der „freien Benutzung" ... 101
III. Das Zitatrecht ... 105
1. Sinn und Zweck des Zitates ... 105
2. Voraussetzungen des Zitates ... 106
3. Zitatmißbrauch ... 107
4. Klein- und Großzitate ... 107
5. Die parodistische Werkverwendung als Zitat ... 108
C. Ergebnis ... 109
10. Kapitel: Die Parodierfreiheit ... 110
A. Vorbemerkungen ... 110
B. Der Interessenkonflikt zwischen Urheber und Parodist ... 111
I. Beeinträchtigung der Interessen des Urhebers ... 111
1. Die urheberrechtlichen Interessen ... 111
2. Die persönlichkeitsrechtlichen Interessen ... 113
II. Die Interessen des Parodisten und der Allgemeinheit ... 113
III. Die Interessenabwägung ... 116
C. Die Voraussetzungen der Parodierfreiheit ... 119
I. Das parodierte Werk ... 119
II. Die komische Wirkung ... 120
III. Die kritische Absicht ... 121
IV. Das Verhältnis zum parodierten Werk ... 121
D. Rückblick und Schlußfolgerungen ... 122
Literaturverzeichnis ... 124
Abkürzungsverzeichnis ... 128

Einleitung

Betrachtet man das Kulturschaffen der Menschheit, stellt man fest, daß in allen Epochen und Kulturkreisen Parodien nie gefehlt haben. Es scheint, daß Parodien ein tiefes menschliches Bedürfnis befriedigen. Stets wird es Menschen geben, welche Parodien schaffen, und immer wird sich ein Publikum finden, das diese Parodien mit Ergötzen aufnimmt und genießt. Das Phänomen „Parodie", jenes Genre, welches „den verschiedensten Versuchen der Domestizierung und Reglementierung hämisch oder mit List sich immer zu entziehen wußte"[1], hat auch heute in der modernen Kunstwelt an Bedeutung nichts verloren. Der Begriff „Parodie" hingegen scheint mehr denn je für alle möglichen witzigen, satirischen oder grotesken Produkte verwendet zu werden, obschon verschiedenste Definitionen und Begriffserklärungen entwickelt wurden. Als dominierendes Wesensmerkmal der Parodie ist sicher die Auseinandersetzung mit einem bestimmten Objekt zu nennen. Das Objekt, mit dem sich der Parodist beschäftigt, findet sich vorwiegend im Gebiet menschlicher Äußerungen und Erzeugnisse im weitesten Sinne. Darunter wiederum werden künstlerische Produkte bevorzugt: Werke der Literatur, der Musik, der bildenden Kunst und auch des Films. Greift der Parodist dabei auf ein Thema des klassischen Griechenlands zurück und behandelt er etwa die Aenaeis, werden es ihm wohl wenige verwehren, wenn er sich spottend oder kritisch darüber lustig macht. Dies ändert sich aber schlagartig, wenn als Vorlage ein urheberrechtlich geschütztes Werk der Literatur oder Kunst verwendet wird: der Parodist sieht sich nun plötzlich der Gefahr ausgesetzt, vom Autor des parodierten Werkes als Urheberrechts-Verletzer eingeklagt und zivil- oder gar strafrechtlich verurteilt zu werden.
Für den Schöpfer einer Parodie stellt sich deshalb die Frage, ob ein urheberrechtlich geschütztes Werk ohne Zustimmung des betreffenden Autors parodistisch benutzt und verwandelt werden darf. Der Urheber des parodierten Werkes wird sich hingegen seinerseits überlegen, ob er sich die Parodierung seiner Schöpfung gefallen lassen müsse, besitzt er doch das Recht, unter anderem zu bestimmen, ob, wie und wann sein Werk veröffentlicht, vervielfältigt oder bearbeitet werden soll. Mit diesen urheberrechtlichen Problemen sahen sich bereits verschiedene Gerichte und Rechtsgelehrte konfrontiert, wie uns der erste Teil vorliegender Arbeit zeigt. Es wird deutlich, daß im Fragenkomplex Parodie-Urheberrecht erhebliche Unsicherheit herrscht und zum Teil stark divergierende Meinungen anzutreffen sind.

---

[1] Thedor *Verweyen*, Eine Theorie der Parodie, München 1973, S. 7.

Diese uneinheitliche Beurteilung läßt sich wohl nicht zuletzt durch eine undifferenzierte Kenntnis des Kunstphänomens „Parodie" und seiner Eigenheiten, Charakteristiken und Erscheinungsformen erklären.
Im zweiten Teil sollen deshalb Besonderheiten, Natur und Wesen der Parodie genauer betrachtet sowie die verschiedenen Parodiearten herausgearbeitet werden.
Im letzten Teil schließlich werden die bestehenden Möglichkeiten des Parodisten de lege lata abgeklärt. Darauf soll anhand der im zweiten Teil gefundenen Ergebnisse und mittels einer differenzierten Interessenabwägung eine gerechte und im Hinblick auf die Rechtsanwendung zweckmäßige Lösung entwickelt werden – dies nicht zuletzt in der Absicht, dem Gesetzgeber des neuen schweizerischen Urheberrechtsgesetzes die eine oder andere Anregung zu geben.

I. Teil: Rechtsvergleichende Übersicht

Am Anfang unserer Überlegungen soll ein rechtsvergleichender Überblick und damit die Frage stehen:
Wie regeln andere Länder mit Hilfe ihrer eigenen Urheberrechtsgesetzen oder durch Gewohnheitsrecht, Auslegung, richterliche Rechtsschöpfung etc. den Sachverhalt, in welchem ein urheberrechtlich geschütztes Werk von einer fremden Person als Ausgangspunkt und Vorlage für ein zumeist witziges, komisches neues Werk benutzt wird, indem mittels verschiedener Techniken zum Zwecke der bloßen Erheiterung, Unterhaltung oder satirischer Kritik etc. auf dieses gegebene Werk in meist spottender oder lächerlicher Art Bezug genommen wird?
Wird einem solchen neuen Werk seinerseits urheberrechtlicher Schutz gewährt?
Bei der Auswahl der verschiedenen Länder beschränken wir uns für die rechtsvergleichende Übersicht auf die wichtigsten Rechtskreise des Urheberrechts. Aus dem kontinentaleuropäischen Rechtsgebiet wählen wir die Länder Bundesrepublik Deutschland, Italien, Frankreich und – selbstredend – die Schweiz aus, aus dem angelsächsischen Bereich ziehen wir die Vereinigten Staaten von Amerika bei.
Die Rechtsordnungen der sozialistischen Länder und der Staaten Lateinamerikas wollen wir nicht berücksichtigen, da sich das vorhandene Material hinsichtlich unserer Fragestellung allzu spärlich ausnimmt, um neue Lösungen und Vorschläge bieten zu können.

1. Kapitel: Bundesrepublik Deutschland

Zunächst ist festzuhalten, daß sich die Rechtsprechung und die juristische Literatur in der Bundesrepublik Deutschland dem Spezialproblem der Parodie – verglichen mit anderen urheberrechtlichen Fragen – recht selten und mit wenig Begeisterung widmen. In den allgemeinen Darstellungen des Urheberrechts und in den Kommentaren zu den Urheberrechtsgesetzen wird die Parodie, sofern sie überhaupt erwähnt wird, in wenigen Sätzen oder gar in einer Fußnote abgetan[1].

---

[1] So z. B. bei Kurt *Runge*, Urheber- und Verlagsrecht, Bonn 1948, S. 117, Anm. 1a.

Auf dem Gebiet der Rechtsprechung verhält es sich ähnlich: in neuerer Zeit hat sich der Bundesgerichtshof erst in einem Fall über die Parodie tiefere Gedanken gemacht und sich näher über die Problematik des Verhältnisses Parodist-Originalwerk-Autor geäußert, „... wobei vielleicht zu berücksichtigen ist, daß etwaige gerichtliche Auseinandersetzungen eher vor dem Strafrichter als bei den Kammern für Urheberrecht stattgefunden haben mögen und in den meisten Fällen mit einem Vergleich beendet wurden."[2]

A. Die Parodie im deutschen Urheberrechtsgesetz

Im Gesetz über Urheberrecht und verwandte Schutzrechte vom 9. September 1965 (BGBl. I, S. 1273) findet man in keinem der 143 Paragraphen einen Hinweis – geschweige denn einen Absatz oder gar einen ganz Paragraphen –, der die Parodie als Kunstwerk regeln würde.
Auch in den beiden alten, durch das neue Urheberrechtsgesetz ersetzten Kodifikationen, dem „Gesetz betreffend das Urheberrecht an Werken der Literatur und der Tonkunst vom 19. Juni 1901" (LUG) und dem „Gesetz betreffend das Urheberrecht an Werken der bildenden Künste und der Photographie vom 9. Januar 1907" (KUG), wird die Parodie mit Schweigen übergangen.
Deshalb entwickelten die Rechtsprechung und die Rechtslehre zwangsläufig eigene Gedanken und Überlegungen und versuchten, die Parodie dogmatisch in den jeweils geltenden Gesetzen zweckmäßig unterzubringen. Dabei bezog man sich während der Geltungsdauer der älteren Gesetze von 1901/07 (LUG/KUG) auf die Paragraphen 12/13 (LUG) bzw. 15/16 (KUG), während man vom heute geltenden Gesetz (UG) für die Problemlösung der Parodie die Paragraphen 23 und 24 anwendet. Mit anderen Worten: die Parodie wird entweder als Bearbeitung oder als freie Benutzung des Originalwerkes qualifiziert. Die Kriterien, welche angewendet werden, um entscheiden zu können, ob der Parodist seine Vorlage bearbeitet oder ob er sie lediglich „frei benutzt" habe, stimmen mehrheitlich mit denjenigen überein, welche bei der allgemeinen Abgrenzung der Begriffe „Bearbeitung" und „freie Benutzung" zugezogen werden.

[2] Erik *Becker*, Parodie und Plagiat, in: Plagiat, Schriftenreihe der Internationalen Gesellschaft für Urheberrecht, Band 14, 1959, S. 43.

B. Die Parodie in der urheberrechtlichen Literatur

I. Die literarische Parodie

1. Die Literatur von 1880 bis 1965

Einer der ersten und bedeutendsten Urheberrechtler, welcher sich des Problems der fremden Werknutzung und damit auch der Parodie angenommen hat, ist *Joseph Kohler*[3]. Sein Ziel ist es, das Schöpferische im Kunstwerk zu schützen. Er will diejenigen Teile bestimmen, welche urheberrechtlichen Schutz genießen sollen und somit von einem Dritten nicht ohne die Zustimmung des Urhebers für die Verwendung eines neuen Werkes, das verbreitet werden soll, gebraucht werden dürfen. Kohler will deshalb neben der Form auch zum Teil den Inhalt eines Kunstwerkes schützen, da nach seiner Ansicht diese Teile stets Produkte eigenschöpferischer Tätigkeit sind.

Er unterteilt infolgedessen das Werk in eine „äußere" und eine „innere Form" und in das sog. „imaginäre Bild". Während er unter der „äußeren Form" die „sprachliche Umkleidung" verstanden wissen will, beschreibt er die „innere Form" als „Form der Ideenfolge, Ideengruppierung und Ideenbewegung, die Eigenart der Assoziation, Verbindung und Abstoßung von Ideen, überhaupt die individuelle Besonderheit der psychischen Mechanik."[4]

Das imaginäre Bild ist demgegenüber – als nicht-schützbarer Teil eines Kunstwerkes – zu charakterisieren „als die individuelle Weise, in welcher der Künstler seinen Stoff idealisiert, in Idealweise gebildet hat; das imaginäre Bild ist das Idealisierungswerk des Künstlers".[5]

Kohler meint damit den unschöpferischen Teil des Kunstwerkes, das Motiv, das Sujet, die Fabel. „Die Motive werden in der Welt der Möglichkeiten gefunden, sie werden nicht erfunden."[6]

An dieses „imaginäre Bild" knüpft Kohler nun auch bei der Behandlung der Parodie an, der er relativ große Beachtung schenkt: „Sofern sie Äußerlichkeiten, Bizarrereien des Stückes entlehnt (in mehr oder minder übertreibender Weise), ist sie unzweifelhaft gestattet. Aber auch einzelne Auszüge und Allegate aus dem Originalwerk müssen dem Parodisten erlaubt sein, sofern nur die Parodie ein besonderes imaginäres Bild enthält und daher einen selbständigen Inhalt repräsentiert. Es sind dies Allegate in ähnlicher Weise, wie die Allegate aus wissenschaftlichen Werken in einem neuen Opus in Besprechung oder in einer scherzhaften Sammlung.

---

[3] Joseph *Kohler*, Das Autorrecht, in: Jherings Jahrbücher, Bd. XVIII, 1880.
[4] *Kohler*, Autorrecht, S. 296.
[5] Joseph *Kohler*, Das literarische und artistische Kunstwerk und sein Autorschutz, Mannheim 1892, S. 48.
[6] *Kohler*, Kunstwerk, S. 85.

Ist es gestattet, in einem neuen wissenschaftlichen Werk oder in einer Kritik Allegate zu geben, so muß dies um so mehr dem Parodisten erlaubt werden, welcher unter Anklängen an ein ernsthaftes Werk ein komisches Dramenbild zu schaffen unternimmt."[7]

Kohler fügt hinzu, daß der Parodist milder beurteilt werden müsse, da es „aus begreiflichen Gründen" nicht üblich sei, den Autor des Originalwerks um Zustimmung einer Parodie zu ersuchen; auch entspreche die Parodie einem Lebensbedürfnis, welchem das Recht nicht entgegentreten dürfe.

Wenn man die Definitionen und Charakterisierungen der Begriffe „imaginäres Bild", „innere Form" etc. in Kohlers Schriften bei der Behandlung der Parodie berücksichtigt, so kommt man nicht umhin festzustellen, daß seine Theorien bei der konkreten Entscheidung, ob eine Parodie nun bloß als eine „Bearbeitung" oder mehr als „freie Benutzung" qualifiziert werden könne, äußerst schwer anzuwenden und damit sehr unpraktisch sind. Daran haben nicht zu einem geringen Teil die neu eingeführten, mehr ästhetischen denn rechtlichen Begriffe Kohlers Schuld, von denen besonders derjenige der „inneren Form", „... von der kein Mensch je wußte, was sie eigentlich sein sollte ..."[8], als in der Praxis anzuwendender Terminus kläglich versagte.

Zusammenfassend läßt sich sagen, daß Kohler die Rechtfertigung der Parodie darin erblickt, daß sie grundsätzlich einem sozialen Bedürfnis entspricht; daher soll dem Parodisten die Verwendung von einzelnen Teilen des zu parodierenden Werkes ohne die Zustimmung des Urhebers erlaubt sein, doch muß die Parodie einen selbständigen Inhalt aufweisen.

Philipp Allfeld, welcher grundsätzlich den Theorien Joseph Kohlers zustimmt, nimmt allgemein bei einer Parodie oder Satire eine erlaubte, „freie Benutzung" an, wobei er die Berechtigung im Umstand erblickt, daß bei der Parodie die Gedanken eines fremden Werkes nur zum Ausgangspunkt genommen werden[9]. Die Parodie stelle eine auf ganz andere Zwecke abzielende Neuschöpfung dar.

Allfeld spricht nur der individuellen Form eines Werkes Urheberrechtsschutz zu, während die Gedanken und Ideen eines Urhebers – in seinem Kunstwerk zum Ausdruck gebracht – zum Gemeingut gehören[10].

Erwin Riezler sieht das Unterscheidungsmerkmal der „Bearbeitung" und der „freien Benutzung" im *Grade der Selbständigkeit* der Arbeit desjeni-

---

[7] *Kohler*, Kunstwerk, S. 112.

[8] Wenzel *Goldbaum*, Urheberrecht und Urhebervertragsrecht, Berlin 1922, S. 155.

[9] Philipp *Allfeld*, Das Urheberrecht an Werken der Literatur und der Tonkunst, München 1902, S. 134.

[10] *Allfeld*, a.a.O., S. 132.

gen, der für die Schaffung eines eigenen Werkes ein fremdes benutzt[11]. Zum Recht der Parodie äußert er sich nur kurz: Parodien von Gedichten und Dramen oder musikalischen Werken qualifiziert er grundsätzlich als „freie Benutzung".

H. O. de Boor übernimmt ebenfalls die Grundzüge der Theorie Kohlers, will aber statt einer Teilung in eine „innere und äußere Form" eine ganze Reihe übereinandergestaffelter Formen sehen[12]. Dessen ungeachtet erklärt er aber später, daß die Benutzung der „inneren Form" bei einer Parodie gestattet sei, und zwar deshalb, „... weil sie zum Ausdruck eines durchaus neuen Inhalts, eines komischen statt tragischen Stimmungsgehaltes benutzt wird".[13] De Boor betrachtet die Parodie ebenfalls als eine „freie Benutzung" im Sinne von § 13 LUG, obschon er Kohlers Äußerungen betreffend die Parodie folgendermaßen kritisiert: „Wenn man den Autor nicht um die Erlaubnis zur Parodierung zu bitten pflegt, so geschieht das, weil die Parodie ihm regelmäßig unangenehm ist, seinen Interessen widerspricht. Nicht milder, sondern strenger muß deshalb der Jurist ihre Rechtsgrundlage beurteilen." Paradoxerweise gipfelt diese „strengere Beurteilung" aber in der Qualifikation der Parodie als grundsätzlich „freie Benutzung".

Weiter bemerkt de Boor, daß nur die untauglichen Parodien geschützt würden, wäre es dem Parodisten erlaubt, lediglich einzelne Stellen oder kleinere Teile des fremden Werkes in die Parodie hinüberzunehmen im Sinne des Zitatrechts. „Die Parodierung eines Dramas beispielsweise muß vielmehr die innere Form des Dramas, die Charaktere, die Verwicklungen, möglichst treu treffen und diese ins Komische ziehen. Je näher sie diesem Ziel kommt, je sparsamer sie mit fremdem Beiwerk ist, desto besser wird sie treffen, wenn sie nur wirklich echt komisch statt tragisch wirkt."[14]

In seinem Kommentar zum LUG nimmt *Wenzel Goldbaum* zur Parodie nicht ausdrücklich Stellung[15]. Er spricht aber hinsichtlich der Abgrenzung zwischen „Bearbeitung" und „freier Benutzung" allen bisherigen Theorien, nämlich denen Kohlers, Allfelds, de Boors etc. jeden Wert für die Praxis ab: „... soviel Worte, soviel greifbare Fehler."[16] Und zum Begriff der „freien Benutzung" führt er aus: „‚Freie Benutzung' scheint die Entnahme einzelner Teile des Inhalts des fremden Werkes zu sein. Zur Beurteilung genügt die Erkenntnis, was man unter Bearbeitung versteht.

---

[11] Erwin *Riezler*, Deutsches Urheber- und Erfinderrecht, München/Berlin 1909, S. 291.

[12] H. O. *de Boor*, Urheber- und Verlagsrecht, Stuttgart 1917, S. 88.

[13] *de Boor*, a.a.O., S. 103.

[14] *de Boor*, a.a.O., S. 103.

[15] Wenzel *Goldbaum*, Urheberrecht und Urhebervertragsrecht, Berlin 1922.

[16] *Goldbaum*, a.a.O., S. 154.

‚Bearbeitung' schließt ‚freie Benutzung' immer aus. Einer positiven Bestimmung ist dieser Begriff ... nicht fähig."[17]

§ 13 LUG war Goldbaum stets ein Dorn im Auge, er wollte ihn gerne aus dem Gesetz entfernt sehen[18]. Die deutsche Rechtsprechung habe aus dem § 13 die magna charta der literarischen Räuber gemacht und eine tiefe Empörung und Erbitterung der Schriftsteller hervorgerufen[19].

Aus dem Gesagten erhellt, daß die Vermutung naheliegt, Goldbaum qualifiziere die Parodie stets als „Bearbeitung", zumal er das Urheberrecht des Künstlers auch andernorts sehr zu ungunsten des öffentlichen Interesses ausdehnte.

Alexander Elster sieht im Phänomen „Parodie" die Gefahr einer Verletzung des Urheberpersönlichkeitsrechtes, welches eine der drei Stufen des Urheberrechts darstelle[20]. (Elster unterteilt das allgemeine Urheberrecht in das gesetzliche Urheberrecht, in das materielle Wettbewerbsrecht und in das Persönlichkeitsrecht oder auch Urheberschaftsrecht). Ob der Urheber eine Umarbeitung seines Werkes verbieten darf, hängt nach Elster davon ab, „... ob die Idee des Werkes in seinem innersten Gehalt, und soweit dieser als zu einem bestimmten Schöpfer gehörig noch anerkannt ist, umgebogen wird oder nicht".[21] Parodie, Karikatur und Travestie beurteilt er grundsätzlich als solche Umarbeitungen, bei welchen ein „Umbiegen des innersten Ideengehalts" vorliegt. Elster fordert für die Parodie ein Lebensrecht, „... denn Parodie und Karikatur sind häufig recht packende Formen berechtigter literarischer und künstlerischer Kritik".[22]

Die Zulässigkeit der Parodie hängt nach Elster demnach von zwei Kriterien ab: erstens muß die kritische Einstellung des Parodisten deutlich zum Ausdruck kommen und zweitens muß die Parodie derart beschaffen sein, daß man sie niemals für das Originalwerk halten kann. „Tritt sie ... deutlich als kritische Leistung auf, etwa das Bild eines Staatsmannes im Knabenanzug (nicht in der Badehose) oder die kritisch-parodierende Weiterführung einer Dichtung wie Friedr. Theod. Vischer den ‚Faust' weiterdichtete – so stehen hier Kunst und Wahrhaftigkeit unverletzt."[23]

Marwitz/Möhring, welche in ihrem Kommentar zum LUG zwischen „freier und unfreier Benutzung" unterscheiden und die „Bearbeitung" als eine

---

[17] *Goldbaum*, a.a.O., S. 160.

[18] In dem von *Goldbaum* und Hans-Erich *Wolff* eingereichten Entwurf eines neuen Urheberrechtsgesetzes ist keine „freie Benutzung" enthalten (vgl. dazu UFITA Bd. 2 [1929] S. 185ff.).

[19] *Goldbaum*, a.a.O., S. 162.

[20] Alexander *Elster*, Urheber- und Erfinder-, Warenzeichen- und Wettbewerbsrecht, 2. Aufl., Berlin/Leipzig 1928, S. 88ff.

[21] *Elster*, a.a.O., S. 89.

[22] *Elster*, a.a.O., S. 90.

[23] *Elster*, a.a.O., S. 193.

Art der „unfreien Benutzung" betrachten, wollen in der antithematischen Behandlung eines bereits bestehenden Werkes stets eine „freie Benutzung" i. S. des § 13 LUG sehen[24]. Obwohl sie eine „freie Benutzung" nur dann als gegeben erklären, „... wenn die Leistung, im Rahmen derer sie erfolgt, losgelöst von dem Urwerk, in keiner Weise gebunden der Ausfluß wirklich schöpferischen und nicht nachempfundenen Schaffens ist", lassen sie die Benutzung eines vorgegebenen Werkes für eine Parodie als eine freie gelten. Sie geben zu, daß gerade in den Fällen der Parodie, Travestie etc. eine starke subjektive Beziehung zum Urwerk besteht und auch erheblich viel Geformtes aus dem Originalwerk übernommen wird; doch sehen sie die Berechtigung der antithematischen Behandlung in der Tatsache, daß das zu parodierende Werk nur als etwas benutzt wird, „... was durch seine Existenz die Berechtigung zur Auseinandersetzung gibt, was also insofern Gemeingut geistigen Schaffens ... geworden ist".[25] Dabei stellen sie das benutzte Werk einem Baum gleich, den der Naturforscher zum Gegenstande einer wissenschaftlichen Untersuchung macht.
Kurt Runge[26], *Voigtländer/Elster/Kleine*[27] und *Heinrich Hubmann*[28] sehen die Parodie wegen „ihres eigentümlichen Zweckes" und wegen „ihrer kritischen Eigenschaft" stets als „freie Benutzung" an.
Bussmann/Pietzker/Kleine erklären die Benutzung eines fremden Werkes für eine Parodie, „mit der besondere Zwecke in bezug auf das benutzte Werk verfolgt werden"[29], als zulässig, sehen aber von näheren Erörterungen ab.
Eugen Ulmer prägte für die Beurteilung der „freien Benutzung" eine Formel, auf welche in der Rechtsprechung oft Bezug genommen wurde – und zwar, wie wir später sehen werden, auch bei der Behandlung der Parodie. Ulmer nimmt eine „freie Benutzung" dort an, „wo angesichts der Eigenart des neuen Werkes die Züge des geschützten Werkes verblassen".[30] Daß dieses Kriterium – konsequent angewendet auf die Parodie – zur kategorischen Ablehnung der Zulässigkeit der antithematischen Behandlung führt, liegt auf der Hand, da bei der Parodie die Züge des Originalwerkes – wie später noch zu zeigen ist – unmöglich „verblassen" können. Daß Ulmer beim Versuch der Anwendung seiner Formel auf die Parodie ebenfalls Zweifel aufsteigen, beweist seine ausweichende Bemerkung: „Die

---

[24] *Marwitz/Möhring*, Das Urheberrecht an Werken der Literatur und der Tonkunst in Deutschland, Berlin 1929, S. 138.
[25] *Marwitz/Möhring*, a.a.O., S. 139.
[26] Kurt *Runge*, Urheberrecht, S. 117.
[27] *Voigtländer/Elster/Kleine*, Urheberrecht, 4. Aufl., Berlin 1952, S. 100.
[28] Heinrich *Hubmann*, Urheber- und Verlagsrecht, München/Berlin 1959, S. 147.
[29] *Bussmann/Pietzker/Kleine*, Gewerblicher Rechtsschutz und Urheberrecht, 3. Aufl., Berlin 1962, S. 353.
[30] Eugen *Ulmer*, Urheber- und Verlagsrecht, 2. Aufl., Berlin/Göttingen/Heidelberg 1960, S. 222.

antithematische Behandlung (Parodie) läßt sich nicht einheitlich beurteilen. Auch hier hängt es vielmehr von der Eigenart des neuen Werkes und dem Grad seiner Selbständigkeit ab, ob eine freie Benutzung angenommen werden kann."[31] Und an anderer Stelle meint er: „... eine Parodie können wir zutreffend nur beurteilen, wenn wir in wertender Betrachtung nach dem Maß der geistigen Leistung fragen, das der antithematischen Behandlung zugrunde liegt."[32]

2. Die Literatur von 1966 an

Obschon bei den parlamentarischen Verhandlungen über das neue Urheberrechtsgesetz ein heftiger Kampf um die „freie Benutzung" entbrannte, blieb im Endeffekt alles beim alten: der neue § 24 UG hat den gleichen Inhalt wie die §§ 13 LUG und 16 KUG[33]. § 24 UG erlaubt die Veröffentlichung und Verwertung eines Werkes, das in „freier Benutzung" eines fremden Werkes geschaffen worden ist, ohne Zustimmung des Urhebers des benutzten Werkes, sofern das neue Werk selbständig ist.
Die Kommentatoren zum neuen Urheberrechtsgesetz behandeln die Parodie innerhalb der Erläuterungen zum § 24 sehr knapp. Sie verzichten mehrheitlich auf eine eigene Theorie über das Recht der antithematischen Behandlung und verweisen lediglich auf die diesbezügliche „herrschende Lehre" und auf die Rechtsprechung des Bundesgerichtshofes.
Otto Friedrich Freiherr v. Gamm beurteilt die Parodie je nach dem Abstand vom parodierten Werk als eine Entnahme, Bearbeitung (§§ 3, 23 UG) oder freie Benutzung, wobei er hinsichtlich der Unterscheidungsmerkmale dieser Begriffe auf die Rechtsprechung hinweist[34].
Ebenso gehen *Fromm/Nordemann* vor, welche die betreffenden Urteile angeben, die sich mit dem Problem der Parodie befassen[35].
Möhring/Nicolini sehen die antithematische Darstellung und die Parodie grundsätzlich als zulässige „freie Benutzungen" an. Sie rechtfertigen diese rechtliche Beurteilung mit dem Zweck der Parodie: „Die Verknüpfung mit dem ersten Werk hat hier gerade den Zweck, deutlich zu machen, daß und inwieweit das neue Werk anders gestaltet ist. Das Originalwerk wird also hier nur als etwas benutzt, das durch seine Existenz die Berech-

---

[31] *Ulmer*, a.a.O., S. 224.
[32] Eugen *Ulmer*, Der urheberrechtliche Werkbegriff und die moderne Kunst, in: GRUR 1968, 529.
[33] Vgl. Benvenuto *Samson*, Das neue Urheberrecht, Schriftenreihe der UFITA Bd. 32 (1966) S. 33ff.; Gerhard *Leinveber*, Die wichtigsten Neuerungen der deutschen Urheberrechtsreform, in: GRUR 1966, 132ff.
[34] Otto Friedrich Freiherr *v. Gamm*, Urheberrechtsgesetz, München 1968, Anm. 18 zu § 2.
[35] *Fromm/Nordemann*, Urheberrecht, 2. Aufl., Stuttgart 1970, Anm. 3 zu § 24.

tigung zur Auseinandersetzung damit gibt."[36] Beigefügt wird, daß bei mißglückter Herausarbeitung des Gegensatzes eine Parodie zwangsläufig im Bereiche der unfreien Benutzung steckenbleibe.
Benvenuto Samson bejaht die Qualifikation der Parodie als „freie Benutzung", „... selbst wenn urheberrechtlich geschützte Teile des spöttisch oder scherzhaft nachgeahmten Werkes, unverändert oder nur mit wesentlichen Änderungen darin aufgenommen werden unter der Voraussetzung, daß die Entlehnung erforderlich ist, um eine parodistische Wirkung zu erreichen!"[37]
Weiter bemerkt Samson, daß bei der Parodie die eigenpersönlichen Züge des geschützten fremden Werkes nicht verblassen, sondern gerade durch die antithematische Behandlung betont werden sollen.

II. Die musikalische Parodie

Die rechtliche Beurteilung der musikalischen Parodie erfährt durch den im LUG eingeführten und ins UG von 1965 übernommenen sog. „starren Melodienschutz" einige Besonderheiten. Wie vorne bereits dargelegt, ist nach § 13 Abs. 1 LUG bzw. § 24 Abs. 1 UG die Veröffentlichung und Verwertung eines selbständigen Werkes, das in „freier Benutzung" eines fremden, geschützten Werkes geschaffen worden ist, ohne Zustimmung des Originalwerk-Autors erlaubt. Diese Bestimmung gilt nun aber nicht für den Bereich der Musik. Die Absätze II der §§ 13 LUG und 24 UG schränken die Benutzung von fremden geschützten Werken der Musik stark ein: jede Veröffentlichung und Verbreitung eines Tonwerkes, welchem eine Melodie eines fremden, geschützten Werkes erkennbar zugrunde gelegt wird, ist ohne Erlaubnis des Originalwerk-Inhabers unzulässig. Durch diese Regelung wird nun neben den Variationen, Transskriptionen und andern Umarbeitungen von musikalischen Kompositionen auch die Parodie betroffen.
Der Parodist eines geschützten musikalischen Werkes müßte stets die Erlaubnis des Originalwerk-Urhebers einholen, bevor er das parodistische Werk verwerten oder veröffentlichen dürfte. Der Gesetzgeber, welchem diese Subsumtion der musikalischen Parodie unter § 13 Abs. 2 LUG ungerecht und dem Kunstschaffen nicht angemessen erschien, versuchte in seiner Begründung darzulegen, weshalb die Satiren und Parodien von Musikwerken nicht in das Anwendungsgebiet von § 13 Abs. 2 LUG fallen: „Ebensowenig richtet sich der § 13 Abs. 2 gegen Kompositionen, die zu den Satiren und Parodien gehören; denn hier wird der fremde Gedanken nicht als Thema für eine weitere Ausführung zugrunde gelegt, sondern

[36] *Möhring/Nicolini*, Urheberrechtsgesetz, Berlin/Frankfurt 1970, Anm. 2 zu § 24.
[37] Benvenuto *Samson*, Urheberrecht, Pullach/München 1973, S. 102/103.

nur zum Ausdruck für eine Neuschöpfung gewählt, die vermöge ihres humoristischen Zweckes auf ganz andere Wirkungen abzielt als das benutzte Werk."[38]

Die Rechtslehre stützt sich bei den Erörterungen der Parodienfrage mehrheitlich auf diese Begründung, doch werden hinsichtlich dieser Auslegung von Abs. 2 einige Zweifel geäußert. So geben *Marwitz/Möhring* zu bedenken, daß durch die Begründung „der dem LUG sonst fremde Zweckgedanke in die Auslegung des Gesetzes hineingetragen" werde; mit demselben Recht müßte man auch Variationen über eine fremde Melodie zulassen.[39].

Ebenso fraglich erscheint *Wolpert* die Begründung des Gesetzgebers: „... auf den Zweck eines urheberrechtlichen Werkes hat es bezüglich des Schutzes in keiner Weise anzukommen."[40]

Möhring/Nicolini wollen die Verwertung und Veröffentlichung von parodistischen und satirischen Kompositionen gänzlich von der Zustimmung des Originalkomponisten abhängig sehen: „Deshalb sind auch parodistische (satirische) Kompositionen trotz der Selbständigkeit, die die geglückte Parodie (Satire) gegenüber dem zugrunde liegenden Werk gewinnt, nach Absatz 2 nicht zulässig."[41]

In seiner Schrift „Freie Benutzung und abhängige Nachschöpfung im musikalischen Urheberrecht" bemerkt *Robert Peter*, wie verfehlt die Regelung des § 13 Abs. 2 LUG sei, wenn derart zweifelhafte Konstruktionen angewendet werden müßten, um die Freiheit der musikalischen Parodie zu garantieren. „Daß es im Endergebnis gerecht und notwendig ist, die freie Verwertung vorgegebener Werke zu echter Parodie oder Satire zuzulassen, besagt nicht nur das gesunde Gefühl für die Erfordernisse der Kunst, sondern auch eine Besinnung auf die allgemeinen Abgrenzungskriterien zwischen freier und unfreier Nachschöpfung."[42]

Zusammenfassend läßt sich sagen, daß die Rechtslehre mehrheitlich die Parodie in der Musik zulassen möchte, doch erlaubt dies § 13 Abs. 2 LUG und heute § 24 Abs. 2 UG nicht. Die Ablehnung der vorne erwähnten Begründung des Gesetzgebers erscheint mit der Dogmatik des Urheberrechts nicht vereinbar. Deshalb wird im Endergebnis die Parodie von den meisten Urheberrechtlern als Bearbeitung und damit als ein von der Zustimmung des Originalwerk-Urhebers abhängiges Werk betrachtet. Die Gegner des Melodienschutzes lehnen eine besondere Behandlung der

---

[38] Reichtagsdrucksache Nr. 97, 10. Legislaturperiode, II. Session, Begründung S. 25.

[39] *Marwitz/Möhring*, Urheberrechtsgesetz, S. 149.

[40] Fritz *Wolpert*, Der Schutz der Melodie im neuen UG, in: Ufita Bd. 50 (1967) S. 833.

[41] *Möhring/Nicolini*, Urheberrechtsgesetz, Anm. 2 zu § 24.

[42] *Robert Peter*, Freie Benutzung und abhängige Nachschöpfung im musikalischen Urheberrecht, Diss. München 1959, S. 71.

Musikwerke hinsichtlich der Benutzung für neue Schöpfungen ab, ihrer Meinung nach würde dann auch die musikalische Parodie unter § 24 Abs. 1 UG fallen, und es würden die üblichen, allgemeinen Abgrenzungskriterien der freien Benutzung angewendet.

C. Die Parodie in der Rechtsprechung

Die Rechtsprechung mußte sich des Problems des parodistischen Werkes seit dem Inkrafttreten des LUG im Jahre 1901 erst wenige Male annehmen: Das Reichsgericht behandelte die spezifisch urheberrechtlichen Fragen, die mit der Parodie zusammenhängen, nur ganz kurz im Zusammenhang mit Plagiatsprozessen, während sich der Bundesgerichtshof erst in den Jahren 1957 und 1958 erstmals zur Frage der Parodie äußerte. Diese zwei Entscheidungen – die Fälle „Sherlock Holmes" und „Lili Marleen" – sollen im folgenden kurz besprochen werden. Darauf werden wir unser Augenmerk auf die „Disney-Parodie" – Entscheidung aus dem Jahre 1971 richten, in welcher der Bundesgerichtshof sich dem ganzen Problemkreis, in dem sich die Parodie bewegt, gegenübergestellt sah. Zum Schluß wird noch ein Parodie-Urteil des Landgerichtes Berlin aus dem Jahre 1973 zur Sprache kommen, in dem die Eigenheiten, insbesondere die Zielsetzung der Parodie vom Gericht untersucht worden sind und auch in der Ausgestaltung des Urteils ihren Niederschlag gefunden haben.

I. Zwei Urteile des Bundesgerichtshofs aus den Jahren 1957/58

1. Der Fall „Sherlock Holmes"

Im „Sherlock-Holmes"-Prozeß standen sich als Kläger die Erben des im Jahre 1930 verstorbenen englischen Schriftstellers Sir Arthur Conan Doyle und als Beklagte eine Filmproduktionsgesellschaft gegenüber. Letztere stellte 1937 einen Film her, in welchem sich zwei arbeitslose Privatdetektive als Sherlock Holmes und Dr. Watson ausgeben und dabei zur Erheiterung des Publikums, das ihre Aufmachung kennt, detektivische Meisterstücke vollbringen.

Die Kläger erblickten in der Herstellung und Vorführung des Films u. a. eine Verletzung der Urheberrechte Conan Doyles sowie eine Verächtlichmachung seiner Persönlichkeit. Die Filmhandlung stelle eine abhängige Nachschöpfung aus mehreren Kriminal-Novellen Conan Doyles dar. Zudem sei die Art der Verwendung von ganz persönlichen Gebrauchsgegenständen und der individuellen Aufmachung Sherlock Holmes' einem Plagiat gleichzusetzen.

Die Beklagte bestritt das Bestehen etwelcher urheberrechtlicher Ansprüche. Die Handlung des Films bilde eine frei erfundene Komödie, die mit keinem der Werke Conan Doyles auch nur das Geringste zu tun habe.

Der Bundesgerichtshof teilte in seinem Urteil vom 15. November 1957[43] die Ansicht der Beklagten; er sieht weder im Handlungsablauf der Filmkomödie noch in der Charakterzeichnung der Personen eine Anlehnung an eines der Werke Conan Doyles. Weiter stellt das Gericht fest, daß die freie Benutzung eines Werkes zulässig sei, wenn durch sie eine eigentümliche Schöpfung hervorgebracht werde. Die Bezugnahme auf Figuren aus fremden Werken dürfe durch den Urheberschutz nicht schlechthin unterbunden werden. „Andernfalls wäre . . . für die Parodie, also die antithematische Behandlung des gleichen Stoffes, kein Raum."[44] Der Film stelle eine selbständige Schöpfung dar, wobei die aus den Werken Doyles übernommenen Züge völlig zurückträten.
Mit diesen Ausführungen wird die Zulässigkeit der Parodie im Rahmen der §§ 13 LUG und 16 KUG als freie Benutzung ausdrücklich bestätigt, wobei aber keine weiteren Kriterien für die praktische Abgrenzung der Parodie von der freien Benutzung gegeben werden.

2. Der Fall „Lili Marleen"

Im zweiten Urteil vom 4. Februar 1958[45] wiederholte der Bundesgerichtshof seine Auffassung, daß eine Bezugnahme auf Figuren aus fremden Werken erlaubt sei, sofern sie lediglich als Anknüpfung diene und im übrigen aber ein neues, selbständiges Werk gestaltet werde, „dessen Prägung einen so eigentümlichen Charakter aufweist, daß demgegenüber die übernommenen Wesenszüge des vorbestehenden Werkes verblassen".[46]
Der Beklagte, ein Verleger, veröffentlichte 1954 ein Marschlied mit dem Titel „Auf Wiederseh'n Marlén", welches sich im Text und in der Aufmachung der Noten stark an das im zweiten Weltkrieg in der ganzen Welt bekanntgewordene, vom Dichter Hans Leip verfaßte Lied „Lili Marleen" anlehnte. Der Kläger, der Verleger des Originalliedes, machte geltend, der vom Beklagten verlegte Liedtext stelle eine abhängige Bearbeitung des von ihm verlegten Liedtextes und damit eine Verletzung seiner Verlagsrechte dar[47]. Der Beklagte seinerseits stritt eine Urheberrechtsverletzung ab, insbesondere wegen des parodistischen Charakters seines Liedes, durch das „lediglich die wandelbaren Zeitverhältnisse – Militarisierung, Entmilitarisierung, Militarisierung – ironisiert würden".
Wie bereits angedeutet, kam der Bundesgerichtshof auf Grund eines Ver-

---

[43] BGHZ 26, 52 = UFITA Bd. 25 (1958) S. 337 = *Schulze*, Rechtssprechung, BGHZ Nr. 41.
[44] BGHZ 26, 57 = UFITA Bd. 25 (1958) S. 341 = *Schulze*, a.a.O., S. 8.
[45] GRUR 1958, 402 = UFITA Bd. 25 (1958) S. 445.
[46] UFITA, a.a.O., S. 449 = GRUR, a.a.O., S. 404; vgl. auch *Ulmer*, Urheberrecht, S. 223, und vorne Kapitel 1, S.9.
[47] GRUR, a.a.O., S. 403 = UFITA, a.a.O., S. 447.

gleichs der beiden Texte zum Ergebnis, daß die Art der Darstellung und der den beiden Texten eigene Stimmungsgehalt so unterschiedlich seien, daß der Text des vom Beklagten mitverfaßten Marschliedes nicht als abhängige Bearbeitung im Sinne von § 12 LUG des vom Kläger verlegten Liedes „Lili Marleen" angesehen werden könne. Der neue Text beruhe auf einer selbständigen literarischen Leistung, durch die unter „freier Benutzung" des vorbestehenden Textes eine selbständige eigentümliche Schöpfung im Sinne von § 13 Abs. 1 LUG hervorgebracht worden sei. Der Refrain des neuen Liedes knüpfe zwar bewußt an die Gestalt der „Lili Marleen" an, doch geschehe dies nicht unter Übernahme des Gedanken- und Stimmungsbildes des alten Textes, sondern in parodierender und ironisierender Weise.

Das Gericht führt weiter aus, daß es unwichtig sei, ob der Refrain des neuen Liedes dem unbefangenen Hörer oder Leser tatsächlich den Eindruck vermittle, daß eine Parodierung oder Ironisierung des alten Textes beabsichtigt sei: „Denn selbst wenn mit der Wahl des Namens Lili Marlén nichts anderes bezweckt und erreicht sein sollte, als eine Anknüpfung an diese durch das alte Lied berühmt gewordene Phantasiegestalt, so würde hieraus allein noch nicht auf eine Urheberrechtsverletzung geschlossen werden können."[48]

Da der Bundesgerichtshof in der Verwendung der Figur „Lilli Marleen" und des Stimmungsgehaltes des alten Liedes eine Urheberrechtsverletzung verneinte, sah er sich auch nicht gezwungen, näher auf das Wesen der Parodie einzugehen und die Frage abzuklären, ob ein parodistisches Werk unter dem Gesichtspunkt der freien Benutzung nach § 13 Abs. 1 LUG milder beurteilt werden könne. Hätte das Gericht in der Schöpfung des neuen Liedes keine freie Benutzung gesehen, so wäre es nicht darum herumgekommen zu untersuchen, ob überhaupt eine Parodie auf den ursprünglichen Text und nicht bloß eine Persiflierung der Wiederaufrüstung vorliege[49].

Mit diesem Fragenkreis der Abgrenzung der Parodie von andern ähnlichen Begriffen etc. wurde der Bundesgerichtshof im folgenden Streitfall konfrontiert.

II. Bundesgerichtshof-Urteil vom 26. März 1971 – „Disney-Parodie"

Im Februar 1967 veröffentlichte der beklagte Verlag in seiner Zeitschrift „pardon" eine vom Zeichner und Schriftsteller Hans Traxler zusammen-

---

[48] GRUR, a.a.O., S. 404 = UFITA, a.a.O., S. 449.

[49] Der BGH sah zwar im umstrittenen Lied keine Urheberrechtsverletzung, aber einen Verstoß gegen das Gesetz gegen den unlauteren Wettbewerb.

gestellte Bildergeschichte: „Der Himmel lebt. In Memoriam Walt Disney." In der Mehrzahl der insgesamt 31 Bildkästchen befinden sich Darstellungen von bekannten Disney Figuren, u. a. „Micky Maus", Donald Duck", „Goofy" etc. Der Ende 1966 verstorbene Künstler Walt Disney ruft in dieser Geschichte Donald Duck und seine drei Neffen zu sich in den „Himmel" und will mit deren Hilfe und mittels seiner Zeichenkunst dessen Bewohner in Figuren nach seiner Art umgestalten. Nachdem dieser Versuch teilweise gelungen ist, erscheint aus einer Wolke eine Hand, deren ausgestreckter Zeigefinger die Spitze von Walt Disneys Malerpinsel berührt: es erfolgt ein Knall – das Ganze stellt sich als Traum des Donald Duck heraus. Mit dem Satz: „Na geben Sie's zu: Sie wären alle ganz schön erleichtert, wenn Mr. Disney das Jenseits gestalten würde!" endet die Geschichte.

Die Klägerin, Besitzerin der Verwertungsrechte von Walt Disney, sah in dieser Bildergeschichte eine Urheberrechtsverletzung an den Figuren von Walt Disney.

Der Beklagte hingegen machte geltend, die Geschichte stelle ein frei geschaffenes, selbständiges Werk dar, welches seinerseits eine Parodie des Werkes von Disney enthalte. Zudem habe der Zeichner nur von seinem Recht auf freie Meinungsäußerung Gebrauch gemacht.

In der Berufungsentscheidung vom 27. März 1969 sah das Oberlandesgericht Frankfurt in der Benutzung der Comic-Strip-Figuren Walt Disneys eine Urheberrechtsverletzung[50]. Das Gericht stützt seine Entscheidung auf folgende Überlegungen:

Die Figuren, welche in der Bildergeschichte auftreten, seien urheberrechtlich geschützt und stellen Werke der bildenden Kunst im Sinne des § 2 Abs. 1 Ziff. 4 UG dar[51]. Die Bildergeschichte erfülle die Voraussetzungen für die freie Benutzung eines Werkes nicht, deshalb könne gegenüber den benutzten Figuren nicht von einem selbständigen, schutzfähigen Werk im Sinne des § 24 Abs. 1 UG gesprochen werden. Die Parodie nehme für den Bereich der freien Benutzung keine rechtliche Sonderstellung ein. Zudem würden Urheberrechts-Verletzungen durch das Recht der freien Meinungsäußerung (Art. 5 GG) nicht gerechtfertigt, da eine unerlaubte Ausbeutung gesetzlich geschützter fremder Leistung zum eigenen wirtschaftlichen Nutzen vorliege.

Der Bundesgerichtshof stimmte diesen Ausführungen des Oberlandesgerichts Frankfurt in seiner Entscheidung vom 26. März 1971[52] grundsätzlich zu:

---

[50] Abgedruckt in: FILM UND RECHT Nr. 12/1969 S. 338 ff.

[51] Bereits in früheren Entscheidungen wurde vom Bundesgerichtshof die Figuren „Bambi" (UFITA Bd. 30 [1960] S. 217 = GRUR 1960, 145) und „Mickey Mouse" (GRUR 1963, 485) als Werke i.S. des Urheberrechts qualifiziert; ebenso vom schweiz. Bundesgericht in BGE 77 II 377.

[52] UFITA Bd. 62 (1971) S. 265 = *Schulze*, BGHZ Nr. 182.

Das Gericht betrachtet die Bildergeschichte als Werkverbindung und unterscheidet zunächst zwischen der sprachlichen Formgebung, welche gegenüber dem Werk Disneys neu und selbständig qualifiziert wird, und der bildlichen Darstellung der Figuren, welche – obwohl in der Haltung und in verschiedenen Nebenzügen abweichend und meist vereinfachend gezeichnet – den Vorbildern Disneys nach Meinung des Gerichtes in ihrem ästhetischen Gesamteindruck gleichen: „Werden die Zeichnungen Traxlers für sich allein mit den entsprechenden Vorbildern Disneys verglichen, so reichen ... die Änderungen nicht aus, um die in der Bildfolge Traxlers gezeigten Darstellungen dieser Figuren als freie Benutzungen im Sinne des § 24 Abs. 1 UG ansehen zu können. Denn die Änderungen betreffen bei der Mehrzahl der Bilder nur nebensächliche Züge, während die die Eigenart des Vorbildes prägenden Merkmale übernommen worden sind."[53]

Weiter stellt das Gericht deutlich klar, daß bei einer Parodie hinsichtlich der Voraussetzungen des § 24 Abs. 1 UG kein anderer Maßstab anzulegen sei: § 24 UG regle die fremde Werknutzung abschließend und enthalte keine Sonderbestimmungen für Parodien. Letztere seien somit nur zulässig wenn sie „als selbständige Werke in freier Benutzung der parodierten Vorlagen geschaffen worden sind".

Das Wesen der Parodie, so führt der Bundesgerichtshof weiter aus, liege in der Regel in der antithematischen Behandlung. Die Parodie behalte meist Stil und Manier des Vorbildes bei, schiebe diesem aber einen nicht mehr entsprechenden Inhalt unter, wodurch die angegriffenen Eigenschaften ins Komische oder Satirische gezogen würden.

Eine Parodie liege dann vor, wenn diese Art der Behandlung für diejenigen erkennbar sei, welcher das parodierte Werk kenne und das für die Wahrnehmung der Parodie erforderliche intellektuelle Verständnis besitze. Aus der erkennbar parodistischen Zielsetzung eines Werkes könne man aber noch keinen Freibrief für unfreie Entlehnungen aus dem parodierten Vorbild ableiten. Somit sei auch bei einer Parodie stets zu prüfen, ob sie sich bei der Benutzung des Originalwerks innerhalb der Freiheitsgrenzen des § 24 UG bewegt habe.

Das Gericht sieht ein, daß die Eigenheiten des Vorbildes in der Parodie als Gegenstand der Auseinandersetzung erkennbar sein müssen. Deshalb soll bei der Anwendung des Grundsatzes vom Verblassen der eigenpersönlichen Züge des geschützten Werkes auf die Besonderheiten der Parodie Rücksicht genommen werden. Der entlehnte Teil muß daher nach Ansicht des Bundesgerichtshofes nicht bis zum Verblassen zurücktreten, doch darf er anderseits nur als Anknüpfungspunkt für den parodistischen Gedanken in Erscheinung treten, wobei man erkennen müsse, daß die

---

[53] UFITA, a.a.O., S. 267/268 = *Schulze*, a.a.O., S. 5/6.

Anknüpfung ein notwendiges Mittel zur Durchführung der Parodie darstelle.
Diese Erläuterungen führten – auf den Streitfall übertragen – zu folgendem Ergebnis: Die Parodie richtet sich nach Auffassung des Gerichtes nicht gegen die Figuren von Walt Disney, sondern gegen die Scheinwelt „Disneyland", welche mit Hilfe der bildnerischen Gestaltung der von Disney geschaffenen Wesen aufgebaut ist.
„Die Parodie liegt im gedanklichen Inhalt der Bildergeschichte. Es kann dahinstehen, ob in einem solchen Falle überhaupt eine Übernahme der bildlichen Darstellung von Disneys Figuren mit ihren charakteristischen Merkmalen zulässig ist."[54]
Zudem seien die Gestalten auf zahlreichen Bildern in einer das Bild jeweils beherrschenden Weise dargestellt. Der vom Zeichner neu geschaffene Bildinhalt stehe keineswegs im Vordergrund. Auch werde ein nicht unerheblicher Teil der Leser gar nicht wahrnehmen, daß eine Parodie vorliege. „Die von Disney entlehnten Teile der Bildergeschichte sind daher mehr als nur ein Mittel zur Anknüpfung und damit zur Durchführung der Parodie."[55]
Zum Problem der freien Meinungsäußerung wird angeführt, daß das Recht, seine Meinung in Wort, Schrift und Bild frei zu äußern und zu verbreiten[56], seine Schranken in den Vorschriften der allgemeinen Gesetze finden[57]. Es sei anerkannt, daß die allgemeinen Gesetze ihrerseits aus der Erkenntnis der wertsetzenden Bedeutung dieses Grundrechts ausgelegt und so in ihrer das Grundrecht beschränkenden Wirkung selbst wieder eingeschränkt werden müßten. „Das Recht, seine Meinung – wie hier – in Gestalt des Bildes frei zu äußern und zu verbreiten, erfordert angesichts der Vielzahl der Gestaltungsmöglichkeiten nicht den Eingriff in urheberrechtlich geschützte Werke. Werden aber geschützte Gestaltungselemente verwendet, so kann und muß dies so geschehen, daß eine Urheberrechtsverletzung vermieden wird."[58]
Infolgedessen bestätigte der Bundesgerichtshof das Vorliegen einer Verletzung des der Klägerin zustehenden Vervielfältigungs- und Verbreitungsrechts an den Disney-Figuren.
Die Frage, wann eine Parodie im urheberrechtlichen Sinn vorliegt, scheint im ganzen Problemkomplex eine der Kernfragen zu sein. Ihre Beantwortung ist in diesem Urteil recht dürftig ausgefallen, und das Urteil scheint für die Beurteilung paralleler Fälle wenig praktischen Wert zu besitzen.
Der Bundesgerichtshof spricht in seiner Entscheidung der Parodie jegli-

---

[54] UFITA, a.a.O., S. 269 = *Schulze*, a.a.O., S. 8.
[55] UFITA, a.a.O., S. 270 = *Schulze*, a.a.O., S. 9.
[56] Art. 5 Abs. 1 Satz 1 GG.
[57] Art. 5 Abs. 2 GG.
[58] UFITA, a.a.O., S. 270/271 = *Schulze*, a.a.O., S. 10.

ches Sonderrecht ab, die Benutzung des Originalwerkes muß sich innerhalb der Grenzen des § 24 UG halten. Zugleich räumt das Gericht jedoch ein, daß auf die in der Natur der Parodie liegenden Besonderheiten Rücksicht zu nehmen sei. Solange aber bei der Beurteilung von parodistischen Werken die Formel vom „Verblassen der eigenpersönlichen Züge des Vorbildes" angewendet wird, werden die Besonderheiten der Parodie zu wenig berücksichtigt. Die Bemerkung des Bundesgerichtshofes, bei der Parodie müßten diese persönlichen Züge nicht so stark verblassen wie bei den normalen freien Benutzungen, stiftet eher Verwirrung und Unsicherheit, als daß sie zur Klärung des Verhältnisses Parodie – Originalwerk beiträgt.

Unbefriedigend, im Ergebnis willkürlich und subjektiv gefärbt wird auch die Entscheidung ausfallen müssen, in welchem Umfange der Parodist geschützte Teile des parodierten Werkes benutzten kann, d. h. „inwieweit die Entlehnung zur Erreichung der parodistischen Wirkung erforderlich ist"[59]. Ein Richter ist zweifelsohne überfordert, wenn er entscheiden muß, ob ein umstrittenes parodistisches Werk auch mit weniger Entlehnungen noch als gelungene Parodie betrachtet werden kann oder nicht.

Zusammenfassend läßt sich sagen, daß durch das vorliegende Urteil die Probleme, welche sich bei der Parodie stellen, wohl erkannt, aber nicht befriedigend gelöst werden. In der Literatur ist die Disney-Entscheidung denn auch mehrheitlich auf Ablehnung gestoßen. *Heinrich Hubmann* kritisiert die undifferenzierte und unlogisch angewendete Unterteilung in sprachliche Formgebung und bildliche Darstellung[60]. Zudem vermißt er im Urteil eine Prüfung der Frage, ob die Entlehnung nicht auf Grund des Zitatenrechts nach § 51 UG gerechtfertigt werde.

Für *Wilhelm Nordemann* scheint ebenfalls das Kriterium der Notwendigkeit für die Erreichung des antithematischen Zweckes zur Beurteilung und Abgrenzung der Parodie nicht geeignet[61]. Zutreffend stellt er fest, daß der Parodist sich vom parodierten Werk nicht allzu weit entfernen dürfe, damit seine parodistischen Absichten überhaupt noch erkannt würden. Nordemann führt weiter aus, daß es nicht erforderlich sei, der Parodie einen Sonderstatus am Rande des § 24 UG zuzubilligen. Die gelungene Parodie sei nur als selbständiges Werk denkbar: „Man wird sich also stets mit der Prüfung begnügen können, . . . ob der antithematische Zweck das neue Werk charakterisiert oder nicht."[62]

Kai Vinck sieht in der Entscheidung des Bundesgerichtshofes eine erhebliche Einschränkung des für den Parodisten notwendigen Lebensrau-

---

[59] UFITA, a.a.O., S. 269 = *Schulze*, a.a.O., S. 8.
[60] Anmerkung zum abgedruckten Urteil in *Schulze*, a.a.O., S. 12ff.
[61] Anmerkung zum abgedruckten Urteil in: GRUR 1971, 590.
[62] GRUR 1971, 591.

mes[63]. Für ihn verstärkt sich der Eindruck, der Bundesgerichtshof habe „über den Einzelfall hinaus der Parodie im allgemeinen die Flügel stutzen wollen, so daß man sich fragen muß, ob sie unter diesen Umständen noch flugfähig ist."[64]

Doch obschon die von den Kommentatoren angeführten Beurteilungsmöglichkeiten der Parodie für die Rechtspraxis ebenfalls nicht besonders brauchbar erscheinen, wird man auf solch' pessimistische Stimmen wie die von *Erik Becker* doch nicht hören wollen: „Bei den vielfältigen Beziehungen und Ableitungen des geistigen Schaffens wird es oft nur möglich sein, bei der Klärung konkreter Fragen über die rechtliche Zulässigkeit einer Parodie, ihre Grenze zum Plagiat, ja über die Existenz einer ummittelbaren plagiarischen Handlung selbst, seine menschliche Ohnmacht zu bekennen und sich an das Wort Friedrichs des Zweiten von Preußen zu halten: ‚Tiefer hängen!'"[65]

III. Urteil des Landgerichts Berlin vom 13. Dezember 1972

Abschließend sei im folgenden noch kurz auf eine Entscheidung des Landgerichts Berlin hingewiesen, in welcher sich das Gericht über den Begriff und die Zielsetzung der Parodie äußert[66].

In der Ausgabe vom 26. Mai 1972 erschien in der Tageszeitung „BILD" eine Karikatur, die eine auf Ulrike Meinhof hindeutende Figur in der bekannten Pose der Schauspielerin Marlene Dietrich aus dem Film „Der blaue Engel" zeigte. Rechts oberhalb des Kopfes der Abgebildeten befand sich folgender Text: „Wir sind von Kopf bis Fuß auf Morde eingestellt, denn das ist unsere Welt und sonst garnichts!"

Der Musikverlag, welcher sämtliche urheberrechtliche Nutzungsbefugnisse an dem von Friedrich Holländer verfaßten Lied „Ich bin von Kopf bis Fuß auf Liebe eingestellt" besitzt, klagte die Verlegerin der Tageszeitung „BILD" ein. Er sah in der Veröffentlichung des genannten Karikatur-Textes eine Urheberrechts-Verletzung und verlangte Schadenersatz. Nach Ansicht der Beklagten lag lediglich eine Parodie auf das Lied Friedrich Holländers vor.

Die Klage wurde vom Gericht gutgeheißen und die Beklagte zum Schadenersatz verpflichtet.

Das Gericht ging in seinem Urteil von der Feststellung aus, daß es sich beim Urtext von Holländer um ein urheberrechtlich geschütztes Werk handele, dessen Vervielfältigung und Verbreitung nur mit Zustimmung des Klägers erlaubt sei. Da die von der Beklagten wiedergegebene Text-

---

[63] Kai *Vinck*, Parodie und Urheberschutz, in: GRUR 1973, 251 ff.
[64] Kai *Vinck*, a.a.O., S. 253.
[65] Erik *Becker*, Parodie und Plagiat, S. 50.
[66] Urteil abgedruckt in: UFITA Bd. 71 (1974) S. 249 = GRUR 1974, 231.

fassung keine freie Benutzung im Sinne des § 24 UG darstelle – „... von einem Verblassen des Originals hinter der veränderten Fassung kann keine Rede sein"[67] – und keine Genehmigung vom Kläger eingeholt worden sei, bestehe ohne Zweifel eine Urheberrechts-Verletzung.
Nach Ansicht des Gerichts liegt auch keine Parodie vor: „Zielrichtung der Parodie ist das zu parodierende Werk. Im vorliegenden Fall sollte aber durch die sinnverkehrende Abänderung des Holländer-Refrains nicht das Lied bezüglich seiner inhaltlichen oder formalen Eigenarten parodiert, sondern nur die Tendenz der Karikatur – Darstellung der behaupteten Interessen der Ulrike Meinhof – auch verbal überdeutlich zum Ausdruck gebracht werden. Nicht gegen das geschützte Werk richtete sich der veröffentlichte Text, sondern allein gegen Ulrike Meinhof und ihre Gruppe."[68]
Mit diesen Ausführungen wird deutlich, daß für eine optimale Beurteilung und Behandlung der Parodie ihre Eigengesetzlichkeiten, ihre Techniken und nicht zuletzt ihre gattungsspezifischen Besonderheiten erkannt sein müssen. Es gilt daher, die urheberrechtlich relevanten Eigenschaften dieser Kunstform herauszukristallisieren, damit entschieden werden kann, ob im urheberrechtlichen Sinn überhaupt eine Parodie vorliege oder nicht. Diesen Weg hat das Landgericht Berlin im eben erläuterten Urteil ansatzweise beschritten.

D. Zusammenfassung

Diese Übersicht der Behandlungsweise der Parodie in der Bundesrepublik Deutschland, wie sie uns aus Gesetz, Literatur und Rechtsprechung bekannt geworden ist, läßt eindeutig erkennen, daß die Parodie im deutschen Urheberrecht nicht nur ein Stief-, sondern auch ein Sorgenkind ist.
Da sowohl in den früheren Gesetzen, im LUG und im KUG, als auch im heute geltenden UG jegliche Regelung der Parodie fehlt, sehen sich die Gerichte und die Rechtsgelehrten gezwungen, die Parodie dogmatisch unter die Bestimmungen über die Bearbeitung und die freie Benutzung zu subsumieren. Werden nun dieselben Abgrenzungskriterien und Voraussetzungen bei der rechtlichen Beurteilung von parodistischen Werken angewendet, so lassen sich merkwürdige und im Ergebnis höchst unbefriedigende Entscheidungen nicht vermeiden, es sei denn, man konstruiert mühevoll irgendwelche Milderungsgründe, um den in der Natur dieser Kunstform liegenden Besonderheiten gerecht zu werden, was ebenfalls nicht überzeugen kann.

---

[67] UFITA, a.a.O., S. 251 = GRUR, a.a.O., S. 232.
[68] UFITA, a.a.O., S. 251/252 = GRUR, a.a.O., S. 232.

Bei der musikalischen Parodie spitzt sich dieses Problem noch weiter zu. Sind doch hier wesentlich längere und kompliziertere Umwege nötig, um dem Parodisten von Musikwerken trotz des strengen Melodienschutzes noch einigen Spielraum übrig zu lassen.
Bemerkenswert ist, daß sich sowohl die Rechtslehre wie die Gerichte mehrheitlich der Geltung und Daseinsberechtigung der Parodie als uralter Kunstgattung bewußt sind. Niemand will dem Parodisten rechtliche Fesseln anlegen – denn dies hieße „... den Humor zu verbannen und in den tristen Alltag des tierischen Ernstes zu versinken, das öde Paradies der Fanatiker, denen ein ungändiges Schicksal den göttlichen Funken versagte."[69]
Zudem ist in der Bundesrepublik der individuelle, stark betonte Persönlichkeitsschutz des einzelnen Urhebers nicht zu übersehen. Die wirtschaftliche, vermögensrechtliche Komponente des Urheberrechts wird im Bereich der Parodie stark vernachlässigt. Bei der Beurteilung von parodistischen Werken wird kaum geprüft, ob das Originalwerk durch die Parodie wirtschaftlich konkurrenziert wird, ob der Urheber des parodierten Werkes finanzielle Vermögenseinbußen erleidet oder ob sein Werk im Gegenteil durch die Persiflage bekannter und dadurch sein Umsatz gefördert wird. Wie wir später sehen werden, wird in den angelsächsischen Ländern dieser wirtschaftlich orientierten Beurteilung großes Gewicht zugemessen, die im Zeitalter der äußerst vielfältigen Verbreitungsmöglichkeiten durch die Massenmedien und damit der kollektiven Verwertung an Bedeutung gewonnen hat.

2. Kapitel: Italien

A. Die Parodie im italienischen Urheberrechtsgesetz

Nach Art. 1 des heute in Italien geltenden Urheberrechtsgesetzes vom 22. April 1941 (Gesetz Nr. 633 über den „Schutz des Urheberrechts und anderer mit seiner Ausübung verbundener Rechte"[1]) sind alle Geisteswerke von schöpferischem Charakter geschützt. Ebenfalls wie Originalwerke werden durch Art. 4 die Bearbeitungen geschützt. Der Urheber besitzt nach Art. 18 Abs. 2 das ausschließliche Recht, sein Werk zu bearbeiten. Über die Zulässigkeit und die Schutzvoraussetzungen der Parodie eines

---

[69] Friedrich Karl *Fromm*, Grenzen der Kritik, Schriftenreihe der Int. Gesellschaft für Urheberrecht, Bd. 27, 1962, S. 28.
[1] In deutscher Übersetzung: UFITA Bd. 14 (1941) S. 264ff.

bestimmten, urheberrechtlich geschützten Werkes schweigt sich die italienische Gesetzgebung aus. Die königliche Kommission von 1901/02 ordnete in ihrem Entwurf für ein neues Urheberrechtsgesetz die Parodien den unerlaubten Nachbildungen zu, während die ministeriale Kommission von 1909 die Parodie als vom Urheber des Originalwerkes abhängige Bearbeitung qualifizierte.
Die späteren Kommissionen, welche die Gesetzestexte der Kodifikationen von 1925/26 und 1941 berieten, übergingen die Parodie und diskutierten die diesbezüglich bestehenden Fragen und Probleme nicht.
„The reason for this silence of the law is to be sought in the consideration that a parody is not a work that is closely definable."[2]
Mithin war es – gleich dem deutschen Urheberrecht – der Rechtslehre und Rechtssprechung überlassen, die rechtliche Natur der Parodie und ihre dogmatische Stellung im Urheberrecht zu finden.

B. Die Parodie in der urheberrechtlichen Literatur

Die Diskussionen über den Fragen- und Problemkomplex der Parodie und ihrer Beziehung zum Originalwerk entzündeten sich in der italienischen Rechtslehre am berühmten Streitfall „Il Figlio di Jorio", wo sich Gabriele D'Annunzio, Autor des Dramas „La Figlia di Jorio", und Edoardo Scarpetta, Verfasser der Parodie, vor Gericht in Neapel gegenüberstanden[3].
Musatti, Lustig, Ferrara und *Simeoni* kommentierten neben anderen diesen Prozeß und zeigten erstmals in der italienischen Doktrin die besonderen Schwierigkeiten des Verhältnisses Parodie-Originalwerk auf[4].
Später befaßten sich weitere Urheberrechtler wie *Arienzo, Milani, Santoro, Algardi* usw. eingehend mit dem Problem der Parodie. In den Kommentaren und Aufsätzen läßt sich feststellen, daß sich die meisten Autoren der Bedeutung und Notwendigkeit einer näheren Begriffsbestimmung des Terminus „Parodie" bewußt sind. So werden den Ausführungen oft Definitionen vorangestellt, welche den Besonderheiten und dem Wesen dieser Kunstgattung Rechnung tragen sollen.
Nach *Luigi Ferrara* stellt die Parodie „die Umgestaltung eines ernsten in ein scherzhaftes Werk, eine Karikatur des Originalwerkes, eine komische

---

[2] Amadeo *Giannini*, Parody in Italy, in: Pinner Leo, World Copyright, Vol. III, Leyden 1953–1960, S. 407/8.
[3] Tribunale Napoli, 27. Mai 1908, in: Giur.It., 1909, II, col. 2.
[4] A. *Musatti*, La Parodia e il diritto di autore, in: Riv. dir. commerc., 1909, S. 163; G. *Lustig*, La Parodia nel diritto e nell'arte, Napoli 1908; L. *Ferrara*, La Protezione giuridica della Parodia, in: Giur. It., 1909; S. *Simeoni*, „La Figlia di Jorio" per Gabriele D'Annunzio e la Società Italiana degli autori, Napoli 1907; Parodia e Contraffazione, in: Cass. Unica, 1908, XIX, S. 1121.

Satire der Tragödie" dar [5], während *Musatti* in der Parodie jede Bearbeitung eines ernsten Werkes sieht, welche „die äußere Form des Stoffes und der Handlung des Originalwerkes beibehält, aber die Wechselfälle und Fährnisse des Lebens so umwandelt, daß statt Weinen Lachen hervorgerufen wird."[6]
Diesen Zweck erreiche die Parodie weniger durch eine eigene vis comica, als vielmehr durch die spöttische Bezugnahme auf die einzelnen Figuren und fehlerhaften Stellen des Originalwerkes.
Piola Caselli erkennt in der echten Parodie vorwiegend ein Werk, welches eine andere, vorbestehende Kunstschöpfung angreift und kritisiert: „Sie betont in grotesker Weise die auffälligen und mangelhaften Teile und verändert somit grundsätzlich die Eigenart des Originalwerkes."[7]
A. Sandulli spricht von der Parodie schlechthin als einer „Karikatur des ernsten originalen Werkes".[8]
Hinsichtlich der Auseinandersetzungen um die Fragen des urheberrechtlichen Schutzes der Parodie lassen sich in der italienischen Doktrin zwei Auffassungen feststellen. Die eine qualifiziert das parodistische Werk als simple Nachahmung, als Plagiat oder bestenfalls als selbständig schützbare, aber vom Originalwerk abhängige Bearbeitung. Vertreter dieser Meinung sind *Musatti, Stolfi, Simeoni* und *Algardi*.
Die andere Auffassung, u. a. von *Caselli, Milani, Ferrara, Sandulli, Arienzo* und *Santoro* vertreten, will der Parodie vollen urheberrechtlichen Schutz zuweisen und sie als Werk i.S. des Urheberrechts qualifizieren, da ihrer Ansicht nach in der Parodie kreative und originelle Charakterzüge durchaus vorhanden seien.
So ist der selbständige Schutz nach *Milani* der Originalität und Neuigkeit wegen gerechtfertigt [9], und in seinem Kommentar zum Urteil D'Annunzio-Scarpetta sieht *Ferrara* in der wahren Parodie keine einfache Reproduktion eines Werkes, „auch wenn sie wenig bemerkenswerte Formänderungen aufweist", sondern für ihn stellt sie ein neues Werk dar, „mit eigener Individualität und Lebenskraft, welches sich substantiell von der Vorlage unterscheidet."[10]
Er fordert für den Schutz der Parodie keinen hohen Grad an Kreativität, der Schutz der Parodie soll nur bedingt von ihrer Kreativität abhängig sein.
Sandulli und *Arienzo* fassen die echte Parodie als Antithese zum Origi-

---

[5] L. *Ferrara*, La Protezione, S. 169; alle folgenden, wörtlich zitierten Stellen wurden vom Verfasser übersetzt.
[6] *Musatti*, La Parodia, S. 163.
[7] P. *Caselli*, Codice del Diritto di Autore, Torino 1943, S. 623.
[8] A. *Sandulli*, Codice del Diritto di Autore, Torino 1943, S. 367.
[9] L. *Milani*, Parodia, in: Arte delittuosa, Napoli 1934, S. 79.
[10] L. *Ferrara*, La Protezione, S. 171.

nalwerk und als eine Umformung des tragischen Stoffes in einen neuen komischen Inhalt auf. Sie gewinne dadurch individuellen Charakter, welcher den urheberrechtlichen Schutz rechtfertige[11].
Nach Arienzo besteht das Ziel und die Absicht des Parodisten nicht in der Reproduktion, sondern in der Kritik und in der Herausstreichung der schlechten Stellen des Originalwerkes. Er ändere den Inhalt des Originalwerkes und kehre dessen Elemente um, er wolle die Vorlage nicht nachahmen, sondern gewisse Teile herausgreifen und diese satirisch kritisieren. Dadurch werde die Individualität dieses vorgegebenen und antithetisch behandelten Kunstwerkes grundsätzlich geändert.
Die Gegentheorie will die Parodie gleich einer Bearbeitung im Sinne der Art. 4 und 18 URG behandelt wissen, d. h. wenn das parodistische Werk einen gewissen Grad an Kreativität und Originalität aufweist, soll es schützbar sein, doch hängt seine Verbreitung und Verwertung in jedem Fall von der Zustimmung des Originalwerk-Autors ab. *Musatti* beurteilt die Parodie als ein parasitäres Werk. Sie sei völlig vom Originalwerk abhängig, und ihr wirtschaftlicher Wert könne ohne die originale Schöpfung nicht bestehen[12].
Ebenso abwertend äußert sich *Stolfi*, indem seiner Meinung nach der Parodist dem vorgegebenen Werk die gesamte Substanz entnehme, welche nicht nur als Ausgangspunkt einer sachlichen Auseinandersetzung und Beurteilung des Originalwerkes diene. Stolfi fordert für die Veröffentlichung und Verwertung einer Parodie generell die Erlaubnis des Originalwerk-Urhebers. Dieser soll sogar am wirtschaftlichen Erfolg des Parodisten partizipieren dürfen, indem er eine Pauschalsumme oder fortlaufende, dem Gewinn entsprechende Beträge verlangen könne[13].
Vom Argument, die Parodie fördere unter Umständen den wirtschaftlichen Erfolg und Gewinn des Originalwerkes, will *Algardi* nichts wissen. Seiner Ansicht nach muß man dem Urheber die freie Entscheidung über das Schicksal seiner Werke grundsätzlich belassen. Durch die Parodien würden dem Originalwerk-Autor große Gewinne entzogen, dieser Schaden werde durch die Berücksichtigung von eventuellen Interessen der Allgemeinheit, welche die Parodisten befriedigen könnten, keinesfalls aufgewogen[14]. Die Parodie sei erst dann ein unabhängiges, selbstständiges Werk, erst dann erlaubt und schützbar, wenn das Originalwerk darin nicht mehr erkennbar sei. Diese Überlegung gipfelt in der seltsamen Feststellung: „Dann liegt aber keine echte und wahre Parodie mehr vor.«[15] Die

[11] A. *Sandulli*, Codice, S. 639; A. *Arienzo*, Parodia, in: Nuovissima Digesto Italiano, vol. XII, 1965, S. 448.
[12] A. *Musatti*, La Parodia e il Diritto di Autore, in: Scritti giuridici, 1963, S. 29.
[13] *Stolfi*, Il Diritto di Autore, Milano 1932, S. 587.
[14] Z. *Algardi*, Note in Tema di Parodia e particolarmente di Parodia dell'Opera inedita, in: Il Diritto di Autore, 1972, S. 407.
[15] *Algardi*, a.a.O., S. 402.

Lösung des Problems kann nach Algardi nicht nur in der Interpretation der rechtlichen Natur der Parodie liegen, es müsse auch die „metarechtliche Wirklichkeit" miteinbezogen werden[16].
Diese Ausführungen machen deutlich, daß die Fragen der Beziehung Parodie-Urheberrecht in der italienischen Doktrin keineswegs gelöst sind. Ein Ende der Diskussionen ist vorerst nicht abzusehen, solange die Meinungen bereits bei der Begriffsbestimmung der Parodie derart weit auseinandergehen. Während die einen der Parodie eine kritische Absicht grundsätzlich nicht zugestehen und beteuern, daß der wirtschaftliche Erfolg des Originalwerkes durch eine Parodierung stets vermindert werde, sind andere völlig gegenteiliger Ansicht und betonen besonders den durch die Parodie entstehenden größeren Profit des Original-Autors.
Valerio de Sanctis scheint in seiner „lettre d'Italie" diese beiden gegenteiligen Gesichtspunkte in einer neuen Lösung zu vereinen, wenn er sagt: „La parodie ... peut être considérée comme une oeuvre indépendante de l'œuvre parodiée, dans le cadre du droit d'auteur italien, lorsque l'on retrouve en elle: a) le but critique, en tant qu'application du principe général de la liberté de critique (art. 70 de la loi italienne); b) l'impossibilité d'une concurrence dans l'utilisation économique de l'œuvre parodiée, étant donné la diversité du public auquel les deux œuvres sont destinées."[17]
Zu welchen Lösungen hingegen die Rechtsprechung in Italien gekommen ist, zeigt der folgende Abschnitt.

C. Die Parodie in der italienischen Rechtsprechung

Das erste Parodie-Urteil in Italien wurde am 26. Januar 1884 gefällt. Durch die „Compagnia Gargano" wurde 1883 in Rom eine Parodie der Oper „Il Trovatore" aufgeführt. Eine Schadenersatzklage, welche vom Originalwerk-Autor angestrengt wurde, wies das Gericht von Velletri im erwähnten Urteil vom 26. Januar 1884 mit der Begründung ab, es handle sich bei der umstrittenen Aufführung um eine echte Parodie, welche zulässig sei. Das Kassationsgericht von Rom aber erklärte dieses Urteil am 20. Juni 1884 für ungültig und wies den Streitfall erneut an die Vorinstanz zurück mit der Folge, daß die Truppe von Gargano am 18. Dezember 1884 zu einer Geldstrafe und zu Schadenersatz verurteilt wurde[18].
1908 fand in Neapel ein weiterer berühmter Parodie-Prozeß statt. Der neapolitanische Theaterdirektor und Verfasser von verschiedenen Komödien, Edoardo Scarpetta, führte in seinem eigenen Theater „Merca-

---

[16] *Algardi*, a.a.o., S. 400.
[17] Valerio *de Sanctis*, Plagiat de chansons, parodies, in: Lettre d'Italie, Droit d'Auteur IX, 1960, S. 256.
[18] I Diritti di autore, 1885, S. 22ff.

dante" in Neapel eine Parodie der kurz zuvor uraufgeführten ländlichen Tragödie „La Figlia di Jorio" des bekannten Dramatikers Gabriele D'Annunzio auf. Scarpetta wurde darauf angeklagt und beschuldigt, das Drama von D'Annunzio unerlaubt nachgeahmt und veröffentlicht zu haben. Aber das Gericht wies die Klage ab und befand, daß keine Nachahmung, sondern eine Parodie vorliege, welche eine eigene Individualität besitze, da sie lediglich die Form nachahme, den Inhalt und die Substanz völlig neu bilde[19]. Im Gegensatz zur Nachahmung würden die vermögensrechtlichen Interessen des Originalwerk-Autors durch die Parodie nicht tangiert, im Gegenteil: der wirtschaftliche Erfolg werde durch die Persiflage geradezu stimuliert, und das Originalwerk erlange unter Umständen eine wesentlich größere Bekanntheit.
Diesem Urteil folgten in der italienischen Doktrin – wie bereits erwähnt – mannigfache Kommentare und Besprechungen. Die Diskussion um diese heiklen Fragen der Parodie war eröffnet.
Im folgenden soll nun noch ein im Jahre 1966 erlassenes Urteil des römischen Amtsgerichtes kurz besprochen und erläutert werden[20]. In dessen Begründung zeigt sich deutlich die Einstellung des Gerichtes zur Zulässigkeit der Parodie und zu den Schutzvoraussetzungen, welche an sie gestellt werden.
Die Filmgesellschaft „ATLANTICA" produzierte 1964 einen Kriminalfilm mit dem Titel „I sette uomini d'oro" (Die sieben Männer aus Gold). Sieben Männer rauben die Goldreserven einer Schweizer Bank, doch scheitert das Unternehmen an der Geldgier der einzelnen Gruppenmitglieder, da sich einige mit ihrem Anteil allein nicht zufrieden geben wollen. Die Handlung des Filmes besteht in der minutiösen Beschreibung des Geldraubes und des überraschenden, nach Auffassung des Gerichtes sehr originellen Schlusses.
Die Filmgesellschaft „ASCOT Cinéraid" parodierte darauf diesen Film der „ATLANTICA": es entstand die Parodie „I sette monaci d'oro" (Die sieben Mönche aus Gold). In dieser Persiflage wurden die Charaktere des Protagonisten und einiger Nebenfiguren, das Milieu, einzelne Handlungsabläufe und das Ende des originalen Films übernommen, doch wurde die spannungsgeladene Atmosphäre umgewandelt in eine humorvolle, spaßhafte Stimmung. Die Gesellschaft „ATLANTICA" klagte die „ASCOT Cinéraid" beim Amtsgericht in Rom ein und beschuldigte sie u. a. der Verletzung ihrer Urheberrechte. Die Beklagte dagegen behauptete, es liege eine eigene Produktion, eine echte Parodie mit selbständigen Inspirationen vor.
Das Gericht wies am 18. November 1966 die Klage ab, indem es die Voraussetzungen für das Vorliegen einer Parodie als erfüllt betrachtete.

---

[19] Tribunale Napoli, 27. Mai 1908, in: Giur. It., 1909, II, col. 2.
[20] Urteil abgedruckt in: Il Diritto di Autore, 1967, S. 534 ff.

Die Parodie stelle eine burleske Verkleidung eines ernsten Werkes dar und könne durchaus unter gewissen Umständen ein selbständiges schützbares Werk im Sinne des Urheberrechts sein. Die Voraussetzungen, welche an ein parodistisches Werk gestellt würden, bezögen sich weniger auf die Quantität der der parodierten Schöpfung entnommenen Teile, als vielmehr auf die Absicht des Parodisten: eine Änderung der Handlung, des Milieus, des szenischen Aufbaus oder eine andere Präsentation der Personen sei nicht nötig. Die Parodie könne durchaus diesen äußeren Formgebungen weitgehend folgen, ja eine ständige, scherzhafte Bezugnahme auf das Originalwerk vermöge den künstlerischen Wert der parodistischen Darstellung sogar zu erhöhen[21].
Wichtig sei aber, daß Sinn, Geist und Wirkung der Parodie sich von ihrer Vorlage grundsätzlich unterschieden, so daß z. B. statt Spannung komische und humorvolle Effekte erzeugt würden. Doch auch wenn diese komischen Wirkungen nicht besonders gut gelungen seien und in der Parodie nicht ausdrücklich hervorträten, könne die Persiflage originellen Charakter besitzen.
Soweit die Ähnlichkeit zwischen der Parodie und dem Originalwerk nicht zu einer substantiellen Identität der Darstellung führe und sofern die Absicht des Parodisten, Sinn und Wirkung der Vorlage in humorvoller Weise ins Gegenteil zu verkehren, deutlich erkennbar sei, könne gegen den Schutz der Parodie nichts eingewendet werden. Sie sei in einem solchen Fall zulässig und ohne Erlaubnis des Originalwerk-Urhebers verwertbar. Zweifelsohne stelle der Film „I sette monaci d'oro" eine gelungene Antithese zum Originalwerk dar. Natur, Sinn und Wirkungen dieser zwei Filme würden sich klar voneinander unterscheiden, obwohl die äußeren Umstände wie Handlung, Personen, Thema etc. mehrheitlich übereinstimmten[22].
Dieses Urteil zeigt, daß das römische Gericht dem Parodisten einen Spielraum beläßt, welcher selbst von den „wohlwollendsten" Urheberrechtlern nicht derart schrankenlos gewährt wird.
Handlung, Personen und andere äußere Umstände dürfen ungehindert in die Parodie übernommen werden, solange die humoristische und burleske Wirkung im parodistischen Werk zu Tage tritt und eine entsprechende Abischt des Parodisten deutlich erkennbar ist. Ob Ziel und Zweck des Parodisten auch wirklich erreicht worden sind, ist nach Ansicht des Gerichts für die Schutzfähigkeit ebenfalls mehr oder weniger belanglos.

---

[21] A.a.O., S. 537.
[22] A.a.O., S. 538.

D. Zusammenfassung

Da in der italienischen Urheberrechtsgesetzgebung jegliche Regelung bezüglich parodistischer Werke fehlt, sahen sich Rechtslehre und Rechtsprechung gezwungen, eigene Lösungen und Möglichkeiten der rechtlichen Behandlung zu entwickeln.
In der italienischen Doktrin kann man grundsätzlich zwei sich gegenüberstehende Meinungsgruppen unterscheiden. Die Vertreter der einen Gruppe sehen in der Parodie ein abhängiges, unselbständiges, parasitäres Werk, das seiner Vorlage wirtschaftlich schadet. Deshalb müsse die Veröffentlichung und Verwertung eindeutig von der Zustimmung des Originalwerk-Urhebers abhängig sein. Im besten Fall komme die Parodie einer Bearbeitung gleich, sofern sie originellen und kreativen Charakter habe.
Die Gegentheorie will der Parodie urheberrechtlichen Schutz gewähren, da sie ein selbständiges, unabhängiges Werk mit eigener Individualität darstelle.
Die Rechtsprechung ist heute der Meinung, daß die Parodie trotz der ständigen Bezugnahme auf das Originalwerk keineswegs eine Nachahmung oder eine Bearbeitung darstelle. Solange die Wirkung des parodistischen Werkes von derjenigen seiner Vorlage deutlich abweicht („Lachen statt Weinen"), dürfen äußerliche Umstände ohne weiteres übernommen werden. Je tiefer und bedeutender die antithetische Wirkung ist, desto kreativer und individueller kann die Parodie eingestuft werden.
Auch hier liegt die Vermutung nahe, daß es nicht zuletzt die verschiedenen Begriffsbestimmungen und die abweichenden Auffassungen der Kunstgattung „Parodie" und ihrer Techniken sind, die für diese gegenteiligen Ansichten verantwortlich gemacht werden können.

3. Kapitel: Die Vereinigten Staaten von Amerika

Eine wesentlich größere Rolle als in den kontinentaleuropäischen Staaten spielt die Parodie in den USA. Ein halbes Dutzend berühmt gewordene Prozesse gaben Richter und Gelehrten Gelegenheit, sich mit den heiklen Problemen der Parodie zu befassen. Zwei dieser Rechtsstreitigkeiten entstanden in den Fünfziger Jahren, als sich das Fernsehgewerbe auf Kosten der Filmindustrie gewaltig ausdehnte und letztere in ihrer bisher unangefochtenen Stellung im Unterhaltungsbereich bedrohte. Die Fernsehgesellschaften zielten darauf ab, das Kinopublikum für sich zu gewinnen und die Zuschauermasse von der Leinwand weg in ihre vier eigenen Wände zu locken. Ein diesbezüglich gebräuchliches und vielverspre-

chendes Mittel war u. a. das Parodieren von aktuellen Hollywood-Filmen, die in den großen Lichtspieltheatern vorgeführt wurden, erreichten doch gewisse Fernsehprogramme schon damals zwischen 20 und 30 Millionen Zuschauer, welche sich an den Persiflagen ergötzen sollten. Die Filmindustrie wehrte sich mit allen Mitteln gegen den Rückgang ihrer Einnahmen und klagte Fernsehgesellschaften wie die National Broadcasting Company oder das Columbia Broadcasting System ein. Sie forderte Schadenersatz mit der Begründung, durch die Parodien seien die Urheberrechte an den Originalfilmen verletzt worden[1].
Diese Prozesse entfachten in der Rechtslehre mancherlei Diskussionen hinsichtlich der Fragen, ob das Veröffentlichen und Verbreiten der Parodie eines urheberrechtlich geschützten Werkes ein „Copyright-Infringement" darstelle oder nicht und ob bejahendenfalls das Verbreiten der Parodie gemäß der „Doctrine of fair use" trotzdem erlaubt sei.
Vor der Darstellung der Parodieprozesse und der dazugehörenden Kommentare soll kurz auf einige Besonderheiten des amerikanischen Urheberrechts, insbesondere die Lehre der „Substantial Appropriation" und die „Doctrine of fair use", aufmerksam gemacht werden.

A. Die Benutzung von geschützten Werken nach amerikanischem Recht

Das geltende Urheberrechtsgesetz der USA[2] gewährt in sec. 1 dem Inhaber des Urheberrechts „the exclusive right to print, reprint, publish, copy, and vend the copyrighted work".
Eine ausdrückliche Beschränkung dieses ausschließlichen Rechts enthält das Copyright Law nicht, wenn man von der befristeten Schutzdauer in sec. 24 und der Bestimmung von sec. 104, durch welche Aufführungen von Vokalmusik zu wohltätigen und erzieherischen Zwecken privilegiert werden, absieht.
Die Rechtsprechung aber hat eine Reihe von Tatbeständen festgelegt, welche theoretisch nach den Regeln des Urheberrechtsgesetzes als Verletzung (Infringement) des Urheberrechts und deshalb als unzulässig, durch die im sog. Case Law statuierte Lehre des „fair use" aber als erlaubt qualifiziert werden.

I. Substantial Appropriation

Eine der wichtigsten und häufigsten Urheberrechtsverletzungen ist die von den Gerichten entwickelte sog. „Substantial Appropriation" – die Be-

[1] Vgl. dazu Abschnitt B dieses Kapitels.
[2] Title 17 of the United States Code.

nutzung von wesentlichen Teilen eines urheberrechtlich geschützten Werkes, welche als unzulässig und widerrechtlich qualifiziert wird. Erlaubt ist lediglich die Benutzung von geringem Umfang, welche nicht als „substantial" angesehen werden kann.
Diese Zulässigkeit einer bestimmten angemessenen Benutzung liegt nach herrschender Meinung im Zweckgedanken der Verfassungsklausel begründet, welche dem Bund die Zuständigkeit für die Urheberrechtsgesetzgebung erteilt: „The Congress shall have power ... to promote the Progress of Science and useful Arts, by securing for limited Times to Authors and Inventors the exclusive Right to their respective Writings and Discoveries."[3]
Dieser Zweckgedanke des Copyright Law, den Fortschritt der Wissenschaften und der nützlichen Künste zu fördern, charakterisiert das amerikanische Urheberrecht recht genau. Der Hintergrund des Privilegienwesens schimmert im amerikanischen Copyright heute noch durch. Die Existenz und der Umfang des subjektiven Urheberrechts hängen ausschließlich von der staatlichen Gewährung ab und beruhen keineswegs auf dem Naturrecht. Das primäre Ziel bei der Verleihung des Copyright ist das Interesse der Öffentlichkeit, während die Belohnung des Urhebers für seine schöpferische Leistung nur ein Mittel zum Zweck darstellt. Die Gewährung des Urheberrechts soll den Autoren den Anreiz und die Ermutigung geben, weitere Kunstwerke zu schaffen und diese auch zu veröffentlichen – dies alles zum Wohle der Allgemeinheit, zur Förderung der Wissenschaften und Künste. „The economic philosophy behind the clause empowering Congress to grant patents and copyrights is the conviction that encouragement of individual effort is the best way to advance the public welfare through the talents of authors and inventors in ‚Science and useful Arts'."[4]
Dadurch, daß man eine angemessene Benutzung von fremden, geschütztem Material als zulässig betrachtet, wird dem Leitgedanken der Verfassung nachgelebt: „Imitation, at least to a limited extent, is necessary for progress in the arts and sciences."[5]
Wenn die Benutzung aber in größerem Umfang vorgenommen wird, eine „Substantial Appropriation" darstellt, ist sie unzulässig und wird als Urheberrechts-Verletzung qualifiziert.
Um abzuklären, wann eine Benutzung wesentlich (substantial) ist, bedienen sich die Gerichte jeweils eines oder mehreren sog. Tests. So wird z. B. im „Audience Test" vom Blickpunkt des normalen Betrachters aus untersucht, ob bei der Rezeption eines Kunstwerkes der spontane und unmit-

[3] Art. I sec. 8 der amerikanischen Verfassung.
[4] Mazer v. Stein, 347 U.S., 201, 219 (1954).
[5] D.M. Dixon, Parody and Burlesque – Fair Use or Copyright Infringement? in: Vanderbilt Law Review, 1959, S. 464, Anm. 32.

telbare Eindruck entsteht, der Beklagte habe Teile des Werkes des Klägers nachgeahmt und kopiert.
Im „Critical Analysis Test" dagegen wird das umstrittene Kunstwerk von Sachverständigen analysiert und zerlegt, um die qualitativen und quantitativen Teile des benutzten Werkes festzustellen. Oft benutzen die Gerichte auch den sog. „Economic Detriment Test", mit welchem der wirtschaftliche Schaden des Originalwerk-Urhebers geschätzt wird.

II. Die Doctrine of Fair Use

Obschon die Lehre des „fair use" schon seit 1841 von den Gerichten angewendet wird[6], findet man in der Urheberrechtsgesetzgebung der Vereinigten Staaten darüber keine einschlägigen Bestimmungen. Die Regeln dieser Lehre beruhen alleine auf den Ergebnissen der Rechtsprechung, wobei die Grundsätze und Leitgedanken aus dem Case Law Großbritanniens stammen.
Sinn und Zweck des „fair use" bestehen darin, daß eine Urheberrechts-Verletzung aus bestimmten Gründen nicht als solche behandelt wird, damit die Öffentlichkeit die Möglichkeit hat, neue Kenntnisse und neues Wissen zu erwerben.
„Fair use" gewährt demnach das Recht, urheberrechtlich geschützte schöpferische Leistungen Dritter nach ihrer Veröffentlichung ohne Erlaubnis des Urhebers in angemessener Weise zu benutzen.
„Fair use is technically an infringement of copyright, but it is allowed by law on the ground that it is reasonable and customary."[7]
Daß die „fair use" – Frage noch nicht restlos gelöst ist, zeigen uns die mannigfaltigen Definitionen und Anwendungskriterien, welche von den Richtern und Dogmatikern entwickelt worden sind und durchwegs ganz verschieden benutzt werden.
„Fair use is one of the most difficult questions which can well arise for judical consideration."[8]
Für die Rechtfertigung und Rechtsgrundlage des „fair use" bestehen die verschiedensten Theorien. In manchen Entscheidungen wird die Ansicht vertreten, „fair use" beruhe auf einer stillschweigenden Zustimmung des Urhebers. Man beruft sich aber auch auf das Herkommen und will die Lehre vom „fair use" als Gewohnheitsrecht erklären. Die einleuchtendste Begründung der „fair use"-Theorie wurzelt in der Zweckbestimmung der Verfassungsklausel. Die Gewährung und Erteilung eines uneinge-

---

[6] Zum ersten Mal in: Folsom v. Marsh, 9 Fed. Cas. 342, 344 (No. 4901) C.C.D. Mass., 1841.
[7] Horace G. *Ball*, The Law of Copyright and Literary Property, New York 1944, S. 260.
[8] Lawrence v. Dana, 15 Fed. Cas. 26 (No. 8136), C.C.D. Mass. 1869.

schränkten ausschließlichen Urheberrechts – wie es das Copyright Law vorsieht – würde der Absicht und dem Ziel der Verfassungsbestimmung zuwiderlaufen und dem sozialgebundenen Charakter des Copyrights nicht entsprechen, da die Interessen der einzelnen Urheber ohne die Möglichkeit des „fair use" zu Ungunsten der Öffentlichkeit bevorzugt würden.
Im Laufe der Zeit haben sich in der Rechtsprechung und Lehre Fallgruppen herausgebildet, auf welche die Doktrin des „fair use" angewandt wird. Unter diesen Gruppen, deren es je nach Autor zehn bis zwölf gibt[9], figurieren auch die Satiren und Parodien, welche unter bestimmten Voraussetzungen das Privileg des „fair use" genießen können.
Welche Voraussetzungen erfüllt sein müssen, damit ein konkreter Fall überhaupt auf das Vorliegen von „fair use" überprüft werden kann, ist streitig. Nach überwiegender Meinung wird ein sog. „technical infringement" vorausgesetzt. Dies bedeutet, daß im Bereich der Entlehnungen von fremdem geschütztem Material die Benutzung wesentlich sein muß, damit die Lehre des „fair use" zur Anwendung gelangen kann.
„It is only when the preliminary questions: is the material copyrightable? was it copyrighted? was it copied? and was enough copied to satisfy the ‚substantial appropriation' doctrine and to make the deminimus doctrine inapplicable? have been answered in the affirmative, that the question of whether there has been a fair use arises."[10]
Bei der Entscheidung der „fair-use"-Frage im konkreten Einzelfall ziehen die Gerichte einen ganzen Katalog verschiedener Kriterien heran, welche aber keineswegs einheitlich und planmäßig angewandt werden; dies bedeutet, daß in einem Streitfall eine „fair use" – Entscheidung unmöglich vorausgesagt werden kann.
Die acht Hauptkriterien, welche in der Rechtsprechung und in der Literatur vorgeschlagen und angewandt werden[11], sind folgende:

- Umfang und Bedeutung des benutzten Materials im Verhältnis zum benutzten Werk
- Zweck und Charakter der Benutzung
- Absicht des Benutzers
- Charakter des benutzten und des benutzenden Werkes
- Auswirkung der Benutzung auf das benutzte Werk

[9] Vgl. dazu: L.A. *Yankwich*, What is Fair Use?, in: Chicago Law Review 1954, S. 203 bis 212.

[10] Saul *Cohen*, Fair Use in the Law of Copyright, ASCAP 6th Copyright Law Symposium, 1955, S. 47.

[11] Vgl. zu den Kriterien: Heribert *Schumann*, Fair use im amerikanischen Urheberrecht, GRUR Int. 1969, S. 152ff.; Saul *Cohen*, Fair Use in the Law of Copyright, in: ASCAP, Copyright Law Symposium, 1955, S. 53ff. Demetrius *Oekonomidis*, Die Zitierfreiheit im Recht Deutschlands, Frankreichs, Großbritanniens und der Vereinigten Staaten, Schriftenreihe der int. Ges. f. Urheberrecht, Bd. 42, Berlin/Frankfurt, 1970, S. 237ff.

- Selbständigkeit des benutzenden Werkes
- Anerkennung des Urhebers
- Nutzen für den Entlehnenden

Am häufigsten begegnet man dem fünften Kriterium, welches als Faktor des „competitive effect" bezeichnet und als „the degree in which the use may prejudice the sale or diminish the profits, or supersede the objects of the original work"[12] definiert wird.

Dieser kurze Überblick über die Doktrin des „fair use" zeigt uns die Komplexität dieses Begriffes und seine äußerst schwierige Anwendung in der Rechtsprechung. Vieles ist sehr zweifelhaft und streitig, was im folgenden Abschnitt bei der Anwendung des „fair use" auf die Parodie deutlich zum Ausdruck kommt.

Ob eine Einführung der „fair use"-Bestimmung im neuen Copyright Law der USA eine Klärung dieses umstrittenen Begriffes bringen kann, wird von vielen bezweifelt: „Making the doctrine statutory might clarify it, but at the risk of compelling unjust decisions in particular cases."[13]

B. Die Parodie in der Rechtsprechung und Rechtslehre

Seit Beginn dieses Jahrhunderts fanden in den USA bis heute acht größere Prozesse statt, in welchen über die Frage der Zulässigkeit der Parodie entschieden wurde. In den ersten fünf Urteilen handelt es sich mit einer Ausnahme um Klagen gegen Sängerinnen, welche Liederdarbietungen von anderen Künstlerinnen imitierten und parodierten[14].

Die Gerichte traten in den Begründungen dieser fünf Urteile auf die speziellen Besonderheiten der Parodie in Bezug auf die Lehre der „Substantial Appropriation" kaum und auf die „Doctrine of fair use" gar nicht ein, sondern untersuchten vorwiegend die quantitativen Teile, welche die Parodien von den Originalwerken übernommen hatten.

Die eigentlichen Diskussionen der rechtlichen Natur und Zulässigkeit der Parodie begannen erst, als der Supreme Court im Jahre 1958 ein Urteil des Bundesrichters des Bezirkes Südkalifornien, James M. Carter, bestätigte und die von der Klägerin beantragte Verfügung gegen die Parodie des Filmes „Gaslight" schützte. Dieses Urteil verursachte in der Unterhaltungsbranche und unter den Urheberrechts-Sachverständigen größte Aufregung, da jedermann um die Freiheit des Parodisten bangte.

---

[12] Folsom v. Marsh, 9 Fed. Cas. 342, 348, No. 4901, C.C.D. Mass. 1841.

[13] S. *Cohen*, a.a.O., S. 73.

[14] Es waren dies folgende Urteile: Bloom and Hamlin v. Nixon, 125 Fed. 977 (C.C.E.D. Pa. 1903); Green v. Minzensheimer, 177 Fed. 286 (C.C.S.D. N.Y. 1909); Green v. Luby, 177 Fed. 287 (C.C.S.D. N.Y. 1909); Hill v. Whalen and Martell, 220 Fed. 359 (S.D.N.Y. 1914); Leo Feist, Inc. v. Song Parodies, Inc., 146 F. 2d. 400 (2 d Cir. 1944).

Nach diesem aufsehenerregenden Prozeß sah sich Richter Carter kurz darauf erneut in der heiklen Lage, über eine Filmparodie zu entscheiden, welche diesmal den Film „From Here to Eternity" zur Zielscheibe genommen hatte. Obschon dieses Urteil zugunsten des Parodisten ausfiel, befürchteten nun viele Urheber und Urheberrechtler, die Rechtsprechung lege der Parodie in Zukunft zu enge Fesseln an und beraube sie durch allzu enge Auslegung und sture Anwendung des Copyright Law ihrer Existenzgrundlage. Doch beruhigte man sich, als 1964 der District Court von New York entschied, daß es zulässig sei, bekannten Schlagern neue, parodistische Texte unterzulegen.

Diese drei für die Behandlungsweise der Parodie aufschlußreichen und instruktiven Urteile sollen im folgenden mit den dazugehörigen Kommentaren der Rechtslehre näher betrachtet werden.

I. Loew's Inc. gegen Columbia Broadcasting System

Der erste Rechtsstreit hatte eine Fernsehparodie des Filmes „Gaslight" zum Gegenstand, welche das Gericht als Urheberrechts-Verletzung betrachtete. Es entsprach deshalb durch Urteil vom 6. Mai 1955 dem Antrag der Klägerin, der Filmproduktionsgesellschaft Loew's Inc., und beschlagnahmte den Parodiefilm der Beklagten, der Fernsehgesellschaft Columbia Broadcasting Corporation (im folgenden CBS genannt)[15]. Der Supreme Court der USA bestätigte in einer vier zu vier Entscheidung das Urteil[16].

Das vom Briten Patrick Hamilton geschriebene Drama „Angel Street" wurde in den Jahren 1943/44 von der Loew's Inc. verfilmt und am 5. Mai 1944 unter dem Titel „Gaslight" uraufgeführt, worauf die Gesellschaft das Urheberrecht daran erhielt.

Im Oktober 1945 verfaßte der amerikanische Komiker Jack Benny zusammen mit Ingrid Bergmann, welche im Originalwerk eine der Hauptrollen spielte, eine fünfzehnminutige Parodie dieses Filmes, welche über das National Radio Network gesendet wurde. Die Filmgesellschaft Loew's Inc. reagierte auf diese Hörfunk-Parodie nicht.

Am 27. Januar 1952 erteilte die Fernsehgesellschaft CBS dem Komiker Benny den Auftrag zu einer Fernsehparodie über den Film „Gaslight", die dann auch über alle der CBS zugehörenden Sender ausgestrahlt wurde. Die Loew's Inc. drohte darauf der CBS gerichtliche Schritte an und bezeichnete diese Persiflage als ein Copyright-Infringement, doch blieb es

---

[15] 131 F. Supp. 165 (S.D. Cal. 1955); vgl. dazu auch: E.K. *Pakuscher*, Film gegen Fernsehen, in: Juristische Rundschau 1957, S. 88 ff. D.M. *Dixon*, Parody and Burlesque – Fair Use or Copyright Infringement? in: Vanderbilt Law Review, 1959, S. 459 ff.

[16] 239, F. 2d 532 (9th Cir. 1956); 356 U.S. 43 (1958).

bei diesem Schriftwechsel. Als aber die CBS im Juni 1953 begann, eine weitere Parodie des Dramas „Gaslight" zu verfilmen und vorsah, diese unter dem Titel „Autolight" zu senden, wurde sie von der Loew's Inc. eingeklagt, die von diesem Plan vernommen hatte.
Das Gericht erlaubte zwar der Beklagten die Aufnahme der Fernsehparodie, stellte den fertigen Film aber sofort sicher.
Die Klägerin beantragte, der Beklagten die Vorführung der Parodie zu Sendezwecken zu untersagen, während die CBS die Abweisung der Klage verlangte, indem sie u. a. geltend machte, die parodistische Verfilmung liege im Bereich des „fair use" und die Sendung des Filmes beeinträchtige das Verlangen des Publikums, sich den ursprünglichen Film anzusehen, keineswegs.
Richter *Carter* entsprach dem Antrag der Klägerin und beschlagnahmte die Parodie. In der Urteilsbegründung wurde mit Nachdruck darauf hingewiesen, daß dieser Prozeß völlig neue Fragen des Copyright aufwerfe und daß das Gericht zum ersten Mal eine solche Entscheidung zu treffen habe. Als wichtigstes Problem stelle sich die Frage, ob die Burleske oder Parodie (in den USA werden diese beiden Begriffe einander gleichgestellt), wenn sie einen wesentlichen Teil des urheberrechtlich geschützten Originalfilmes übernehmen, als „fair use" qualifiziert werden können[17].
Nach einem ausführlichen Vergleich des Originalwerkes mit der Parodie (unter Verwendung des vorne erwähnten „audience test") sei das Gericht zum Schlusse gekommen, daß eine „Substantial Appropriation" vorliege, denn sowohl die Charaktere der Hauptpersonen als auch die Handlung der Geschichte, der Ablauf der Ereignisse, Ort und Zeit der Parodie würden mit denjenigen des Originalfilms praktisch übereinstimmen. Zudem seien viele Dialoge mit nur geringfügigen Änderungen übernommen worden. Das Vorliegen einer wesentlichen Benutzung bedeute aber eine Urheberrechts-Verletzung: „. . . if it is determined that there was a substantial taking infringement exists."[18]
Die Frage, ob trotz dieses Copyright-Infringement ein „fair use" vorliege, diskutierte das Gericht nicht, da es der Ansicht war, die Doktrin des „fair use" sei im wesentlichen auf die Wiedergabe wissenschaftlicher Werke beschränkt[19]. Zudem sei eine Benutzung niemals „fair use", wenn sich die Absicht des Benutzers wie im vorliegenden Fall auf Gewinnerzielung richte. Der Parodiefilm sei nur zum Gebrauch und zu Zwecken des Wettbewerbes im Gebiet der Unterhaltungsbranche gedreht worden.
Auch den Einwand der Beklagten, der parodistische Film beeinträchtige die Nachfrage nach dem Originalwerk nicht, wies Richter Carter mit der Begründung zurück, das Copyright des Urhebers schließe Dritte grund-

---

[17] a.a.O., S. 167.
[18] a.a.O., S. 183.
[19] a.a.O., S. 175.

sätzlich von einem unzulässigen freien Gebrauch seiner Werke aus, ungeachtet des finanziellen Schadens, welcher dem Originalwerk-Autor zugefügt werde.

Auch den weiteren Einwand, durch ein Urteil zugunsten der Klägerin würde der Kunstform der Parodie der Todesstoß gegeben und die Freiheit der amerikanischen Demokratie werde dadurch eingeengt, ließ Richter Carter nicht gelten. Für derartige parodistische Filme, wie sie die Beklagte produziere, bestünde ein unübersehbares Material von gemeinfreien Werken. Zudem sei die Benutzung von einzelnen Ereignissen, Handlungen etc. auch in Zukunft ohne Zustimmung des Urhebers als Ausgangspunkt für eine Parodie erlaubt.

Das Urteil versetze der Parodie nicht den Todesstoß, sondern reinige die Atmosphäre und schaffe mehr Raum für diese „erratic flights".

Dieses Urteil fand in der Rechtslehre sowohl Zustimmung als auch heftige Ablehnung.

Hermann F. Selvin verteidigte die Entscheidung von Richter Carter in einem Artikel des New York Law Journal[20].

Er bedauert, daß die Befürworter dieses Urteils von der Presse als Gegner des Humors bezeichnet worden seien, dieses Bild treffe keineswegs zu: nicht das Lachen sei Gegenstand ihrer Ablehnung, sondern die unerlaubte Verwendung von geschütztem Material, welche eine Urheberrechtsverletzung darstelle. Nach Ansicht Selvins kann man in der Frage der Zulässigkeit der Parodie gewiß verschiedener Meinung sein, doch läßt er die Begründung seiner Gegner, die Parodie sei als kritisches und humorvolles Werk für Kultur und Wissen notwendig und entspreche deshalb dem durch die Verfassung institutionalisierten Ziel- und Zweckgedanken des Copyright, nicht gelten.

Um den allgemeinen Fortschritt der Wissenschaften und Künste zu fördern, müßten die Urheber angeregt und ermutigt werden, künstlerisch tätig zu sein. So wie der Bauer im Weinberg seine Früchte pflücken und genießen könne, müsse der Urheber für seine Arbeit entschädigt werden. Das dem Urheber verliehene ausschließliche Recht dürfe nicht eingeschränkt werden, sei es doch die einzige Wohltat, die ihm offeriert werde[21].

Auch wenn gewisse Benutzungen fremder, geschützter Werke in manchen Fällen den Fortschritt der Künste unmittelbar fördern würden, dürfe das ausschließliche Urheberrecht nicht angetastet werden. Durch die zeitliche Begrenzung dieses Rechts werde für eine Weiterverbreitung von Wissen genügend Gelegenheit geboten, denn „on the expiration of the

---

[20] H.F. *Selvin*, Parody and Burlesque of Copyrighted Works as Infringement, in: Bulletin of the Copyright Society of the U.S., Bd. 6, S. 53ff.

[21] *Selvin*, a.a.O., S.56.

limited time the theretofore exclusive right would become the common property of all."[22]

Selvin stellt sich auch gegen die oft gehörte Meinung, daß die Parodie wesensbedingt mehr vom Originalwerk benutzen müsse, als es die Lehre von der „Substantial Appropriation" erlaube. Er sagt, diese Notwendigkeit bestehe nicht, denn da die Ideen von Kunstwerken durch das Urheberrecht nicht geschützt würden, seien sie jedermann zugänglich. Der Parodist könne Werke persiflieren,ohne deren geschützte Teile für seine Zwecke zu entnehmen: „The point is that parody, in its true and creative sense – parody which lampoons and entertains, which criticizes and instructs – needs no more of the original than it is and was always open to anyone to take."[23]

Selvin beschließt seinen Beitrag mit der Bemerkung: „So long as we retain the basic notion that science and the arts are better advanced by securing authors in the exclusive right to their writings, so long should it be held that parody in common with all the others, must exist by the creative talent of its practioners, not by the facile use of a duplicating machine."[24]

Im Gegensatz zu Selvin kritisiert *D. M. Dixon* in der Vanderbilt Law Review das „Gaslight"-Urteil aufs schärfste[25]. Besonders stoßend findet er die Äußerung von Richter *Carter*, daß die Parodie des „Gaslight"-Filmes kein „fair use" sein könne. Er befürchtet, daß durch das Urteil, mit welchem das Prinzip eingeführt wurde, Parodien und Burlesken wie normale Benutzungen zu behandeln und die Lehre des „fair use" dabei nicht anzuwenden, künftig alle Parodiefälle nach diesen Regeln beurteilt würden. „Insofar as these are old, recognized, and socially desirable forms of literature and dramatic presentation, this result is particularly unfortunate."[26]

Wenn die Lehre des „fair use" bei Parodien nicht angewandt werden könne, dafür aber die normalen Regeln der wesentlichen Benutzung, so müßten zwingenderweise alle Parodien und Burlesken als Urheberrechts-Verletzungen per se betrachtet werden.

„If ‚Gaslight' be followed, then the literary history of parody and burlesque loses all meaning."[27]

II. Columbia Pictures Corporation gegen National Broadcasting Corporation

Nach der umstrittenen Entscheidung im Falle Loew's Inc. gegen CBS wartete jedermann auf weitere Urteile in Parodieprozessen, und man mußte

---

[22] *Selvin*, a.a.O., s. 58.
[23] *Selvin*, a.a.O., S. 60.
[24] *Selvin*, a.a.O., S. 63.
[25] D.M. *Dixon*, Parody and Burlesque – Fair Use or Copyright Infringement?, in: 12 Vanderbilt Law Review, 1959, S. 459–481.
[26] *Dixon*, a.a.O., S. 461.
[27] *Dixon*, a.a.O., S. 478.

sich nicht lange gedulden: sieben Monate nach seiner ersten Entscheidung fällte Richter *Carter* am 9. Dezember 1955 sein zweites Parodie-Urteil. Diesmal wies er aber die Klage des Originalwerk-Urhebers ab und beruhigte damit manchen Parodisten, dem seine Zukunftsaussichten nach dem „Gaslight"-Fall zunächst etwas düster erschienen waren[28].

Die beklagte Fernsehgesellschaft National Broadcasting Corporation (nachfolgend NBC genannt) strahlte wenige Tage nach der Uraufführung des von der Filmgesellschaft Columbia Pictures Corporation (nachfolgend CPC genannt) hergestellten Filmes „From Here to Eternity" eine von Sid Caesar geschriebene Parodie „From Here to Obscurity" über sämtliche ihr angeschlossenen Sender aus.

Die CPC sah in dieser ohne ihre Zustimmung durchgeführten Sendung eine Verletzung des ihr für diesen Film zustehenden Urheberrechts und erhob vor dem Bundesbezirksgericht Südkalifornien eine Unterlassungsklage.

Das Urteil, durch welches die Klage abgewiesen wurde, läßt im Unklaren, ob die Benutzung zu gering und deshalb nicht als „substantial" betrachtet worden ist oder ob eine „substantial Appropriation" nach Ansicht des Gerichtes vorlag, aber durch die Anwendung der „fair use"-Regeln nicht als Copyright-Infringement qualifiziert werden konnte. „It appears that the court made both findings, although once it decided that the taking was not sufficiently substantial it is difficult to see any purpose in discussing fair use at all."[29]In seiner Urteilsbegründung entwickelte Richter *Carter* verschiedene Leitsätze, die bei der rechtlichen Beurteilung von Burlesken und Parodien künftig angewandt werden sollten. So stellt er fest, daß bei der Benutzung eines ernsten Werkes zu Zwecken der Parodie die Grenze zur Urheberrechts-Verletzung nicht genau gezogen werden könne. Nach den Grundsätzen des „fair use" sollte es zudem dem Parodisten gestattet sein, das Originalwerk in begrenztem Maße frei zu benutzen, um die Beziehung zur Vorlage zu verdeutlichen. „Since a burlesquer must take a sufficient use of the original to recall or conjure up the subject matter being burlesqued, the law permits more extensive use of the protectible portion of a copyrighted work in the creation of a burlesque of that work than in the creation of other fictional or dramatical works. . .[30]

So darf die Parodie nach Ansicht des Gerichtes nach einem weiteren Leitsatz grundsätzlich den Ort, das Thema, die Personenbesetzung, die Situation und sogar Grundzüge des Stückes der Vorlage entnehmen, da diese Bestandteile keinen Schutz genießen. Wenn der Parodist aber mehr als

[28] 137 F. Supp. 348 (S.D . Cal. 1955).
[29] Arthur *Rossett*, Burlesque as Copyright Infringement, ASCAP 9th Copyright Law Symposium, 1956, S. 26.
[30] a.a.O., S. 354.

das nicht geschützte Material benutze, so laufe er Gefahr, wegen Copyright-Infringement zivil- und strafrechtlich verfolgt zu werden.
Grundsätzlich müßten die Urheber vor Verletzungen ihrer Werke durch unbegrenzten Gebrauch mittels Parodien und Burlesken geschützt werden, denn eine ungehinderte Entnahme durch diese satirischen Kunstformen könne das ganze Urheberrecht vernichten, die Filmindustrie und den Bühnenbetrieb unterminieren und den Urheber auf einen Status zurückführen, wie er vor 300 Jahren geherrscht hatte, als der Urheber von der Gnade seines Fürsten abhing[31].
D. M. Dixon sieht den Hauptunterschied zwischen der „Gaslight"-Parodie und der Sid Caesar-Burleske in der Feststellung, daß letztere vom Originalwerk einen wesentlich größeren Abstand aufweise. Wenn man den „Critical Analysis Test" anwende, so zeigten sich viele Abweichungen. Doch sei es für den Laien sehr schwierig zu entscheiden, ob nicht auch die Sid Caesar-Parodie eine „Substantial Appropriation" darstelle. Jedermann erhalte den unmittelbaren Eindruck, daß die Burleske von Sid Caesar auf dem Film „From Here to Eternity" basiere. Tatsächlich, fügt Dixon hinzu, verliere die Parodie viel von ihrem Humorgehalt, wenn im Zuschauer dieser Eindruck nicht geweckt werde.
Der Grund für die zwei verschiedenen Urteile desselben Gerichtes ist nach Dixon erklärbar „on the basis of the court's increasing recognition of parody as an independent, traditional, and creative art form."[31]
Dixon sieht in der Abweisung des klägerischen Begehrens im Caesar-Fall eine wesentliche Milderung der Theorie der „Gaslight"-Entscheidung, doch die Bestätigung dieses ersten Urteils durch den Court of Appeals und den Supreme Court zwinge die Schriftsteller und Schauspieler, sich trotzdem mit dem „Gaslight"-Urteil abzufinden. „The reasoning in the ‚Gaslight' case contains unfortunate implications for future cases.'[32]

III. Berlin gegen E.C. Publications Inc.

Diese Befürchtungen Dixons bestätigten sich jedoch im dritten hier erläuterten Parodie-Prozeß aus dem Jahre 1963/64 nicht, wurde es doch in diesem Urteil des District Court vom Südbezirk New York als zulässig angesehen, bekannten, urheberrechtlich geschützten Schlagern neue, parodistische Texte zu unterlegen.
In einer Jubiläumsausgabe zum vierten Jahrestag seines Bestehens er-

---

[31] a.a.O., S. 356; vgl. dazu auch: Franz *Heider*, Film und Fernsehen, in: Film und Recht Nr. 9/1957.
[31] *Dixon*, a.a.O., S. 479. Gleicher Meinung *Rossett*, a.a.O., S. 28.
[32] *Dixon*, a.a.O., S. 481.
[33] Berlin v. E.C. Publications Inc., 219 F. Supp. 911 (S.D.N.Y. 1963). Bestätigt vom Court of Appeals am 23.3.64, 329 F. 2d. 541, (2d Cir.).

schien im bekannten satirischen Magazin „MAD" als Spezialbeilage eine Kollektion parodistischer Verstexte, welche zu 57 bekannten Liedern unter dem Titel „Sing Along with MAD" angeboten wurden. Jeder Vers-Gruppe war der Satz angefügt „Sung to the Tune of: . . .", wobei die leere Stelle mit dem Titel eines alten Schlagers ausgefüllt war. Die zugehörigen Musiknoten fanden sich in diesem Liederbüchlein jedoch nicht.
Die Eigentümer der Urheberrechte von 25 der 57 angegebenen Lieder klagten die Herausgeber des Magazins wegen Copyright-Infringement ein, doch wurde ihre Klage abgewiesen.
Das Gericht begründete seine Entscheidung, indem es die Texte für originell und phantasievoll erklärte. Sie seien von den Originalversen völlig verschieden und stellten deshalb keine widerrechtlichen Urheberrechts-Verletzung dar. Dieser Auffassung wurde vom Court of Appeals zugestimmt, die Unterschiede der Themata, der Inhalte und des Stils seien äußerst groß. Obschon die Parodien und die Originalwerke metrisch übereinstimmten, hielt es das Gericht für zweifelhaft, daß „even so eminent a composer as Irving Berlin should be permitted to claim a property interest in iambic pentameter."[34]
Nach Ansicht des Appellationsgerichtes verdienen Parodien und Satiren eine große Gestaltungsfreiheit, da sie sowohl als Unterhaltung wie auch als Form sozialer und literarischer Kritik zu betrachten seien. Das Interesse des Urhebers an größtmöglichem finanziellen Gewinn müsse in gewissen Fällen dem Interesse der Öffentlichkeit an der verfassungsmäßig statuierten Förderung von Kunst, Wissenschaft und Bildung untergeordnet werden. „At the very least, where, as here, it is clear that the parody has neither the intent nor the effect of fullfilling the demand for the original, and where the parodist does not appropriate a greater amount of the orginal work than is necessary to recall or conjure up the object of his satire, a finding of infringement would be improper."[35]
Einen weiteren Einwand des Klägers, die lukrative Verwendung urheberrechtlich geschützten Materials könne niemals einen „fair use" darstellen, ließ das Gericht nicht gelten.
Diesen Ausführungen der beiden Gerichte hielt *Robert D. Hadl* in einem Aufsatz folgende Überlegungen entgegen:
Dadurch, daß die parodistischen Texte von „MAD" im Versmaß völlig mit den originalen Liedertexten übereinstimmten (was nach Hadl Voraussetzung ist, ohne diese Übereinstimmung seien die satirischen Verse überhaupt ohne jeglichen künstlerischen Wert), hätten die Herausgeber den inneren Kern der originalen Texte entlehnt, nämlich die Form, in welcher die Verse ausgedrückt waren[36].

---

[34] 329 F. 2d. 545 (2d. Cir. 1964).
[35] a.a.O., S. 545.
[36] Robert D. *Hadl.*, Parody Lyrics – The „MAD" Magazine Case, in: Bulletin Copyright Society of the U.S., 1964, S. 319, 324.

Das Case Law sei voll von Fällen, in denen derart qualitative Entlehnungen als wesentlich betrachtet worden seien. Dabei sei die Entlehnung von „MAD" gleicherweise als „Substantial Appropriation" anzusehen.
Weiter gibt Hadl zu bedenken, daß bei den parodistischen Liedertexten ein Begriffselement der Parodie fehle, „namely, the requirement that the object of the parody be the copyrighted work."
Hadl zitiert dabei eine Definition der Parodie, welche von Richter Yankwich entwickelt worden ist und in der die Parodie definiert wird als „a type of composition which 1) seeks, in good faith, to criticize, caricature, mock, ridicule and distort the intellectuel product of another, and 2) not to imitate or reproduce it as written and 3) which, despite its own originality or merit lacks the artistic and literary quality of the original."[37] Wenn diese Definition, fährt Hadl fort, auf die Parodien von „MAD" angewandt würde, sei es klar, daß von Parodien nicht gesprochen werden könne, denn Zielscheiben der verschiedenen Verse seien nicht die originalen Textinhalte, sondern allgemeine Gebiete wie Sport, Erziehung, Medizin etc.
Daraus folge, daß die geschützten Originaltexte nur als Träger und Vermittler fungierten, um den Verkauf des Magazins zu fördern. Da sich Humor und Spott der parodistischen Verse nicht gegen die Vorlagen richteten, sei es unmöglich, die wesentlichen Entlehnungen als „fair use" zu rechtfertigen, vielmehr müsse man von wirtschaftlicher Ausbeutung sprechen.
„Such a result supports the copyright owner whose right to prevent substantial appropriations of his work is deserving of equal, if not greater protection than the parodist's right to unlimited use of the copyrighted work."[38]

C. Zusammenfassung

Die Situation in den Vereinigten Staaten zeigt uns, daß zwar im Verhältnis zu den übrigen Urheberrechts-Prozessen wenige Parodiestreitigkeiten vor die Gerichte gebracht werden, daß die wenigen entschiedenen Fälle aber recht großes Aufsehen in der Öffentlichkeit erregten und eine uns schon von Deutschland und Italien her bekannte Unsicherheit in der Rechtslehre verursachten.
Die ganze Problematik erfährt in den USA durch den besonderen sozialgebundenen Charakter des Urheberrechts eine eigene Färbung.
Sowohl in den Urteilsbegründungen der Parodieprozesse wie auch in den diesbezüglichen Kommentaren und Aufsätzen der Urheberrechtler läßt

---

[37] a.a.O., S. 326; L.A. *Yankwich*, Parody and Burlesque in the Law of Copyright, 33 Canadian Bar Law Review, 1955, S. 1130.
[38] a.a.O., S. 327.

sich die Problematik der Interessensabwägung zwischen den Wünschen und Bedürfnissen der Allgemeinheit einerseits und den finanziellen Belangen des Urhebers andererseits deutlich erkennen. Als Ausgangspunkt für diese Entscheidung wird stets der in der Verfassung sanktionierte Zweckgedanke des Urheberrechts beigezogen.
Bei der Auslegung dieser Klausel werden aber sehr gegensätzliche Überlegungen entwickelt. So meinen die einen, gerade die Erteilung des uneingeschränkten, ausschließlichen Copyright an den Urheber sei die beste Gewähr für die Verwirklichung des verfassungsmäßigen Zieles, nämlich den Fortschritt von Wissenschaften und Künsten zu fördern. Denn ihrer Ansicht nach stellt für den Urheber ein ausschließliches, nur zeitlich limitiertes Recht einen großen Anreiz dar, neue Kunstwerke zu schaffen. Dies komme letzten Endes der Allgemeinheit zugute, womit der Zweck des Urheberrechts erreicht sei.
Das Monopolrecht des Urhebers, welches nach sec. 1 des Copyright Law auch das Recht beinhaltet, über neue Versionen, Bearbeitungen und Benutzungen seiner Werke zu bestimmen, dürfe daher durch parodistische Übernahmen nicht eingeschränkt werden. Dies wirke sich dahin aus, daß die Doktrin des „fair use" bei Parodien und Burlesken nicht angewandt werden könne.
Die gegenteilige Meinung argumentiert dahin, daß der Öffentlichkeit die uralte Form der Parodie als humorvolle und kritische Auseinandersetzungsmöglichkeit mit dem Kunstschaffen im allgemeinen nicht vorenthalten werden dürfe. Dieser Grundsatz ergebe sich eindeutig aus der erwähnten Verfassungsklausel. Wenn die Parodie als wesentliche Benutzung qualifiziert werde und technisch eine Urheberrechts-Verletzung darstelle, so greife gerade um des Fortschritts der Künste willen die Lehre des „fair use" ein. In diesen Fällen müßten sich die Interessen der Urheber für einmal denjenigen des Publikums unterordnen.
Abgesehen von diesen auf den ersten Blick spezifisch amerikanisch anmutenden Schwierigkeiten der Interessenabwägung zwischen Allgemeinheit und Urheber, welche – wie wir schon jetzt ahnen – jedoch gerade im Falle der Parodie eine der wesentlichsten zu entscheidenden Fragen darstellen dürfte, stellt man fest, daß es trotz der mehrheitlich übereinstimmenden Auffassungen bezüglich Natur und Wesen der Parodie weiterhin umstritten ist, wie viele und welche Teile des geschützten Originalwerks der Parodist benötigt, um eine echte, gelungene Parodie schaffen zu können.

4. Kapitel: Frankreich

A. Die Parodie im französischen Urheberrechtsgesetz und in der Rechtslehre

„Lorsque l'œuvre a été divulguée, l'auteur ne peut interdire ... la parodie, la pastiche la caricature compte tenu des lois du genre.“
Diese Bestimmung findet sich im heute geltenden französischen Urheberrecht[1] in Art. 41 Ziff. 4. Gemäß dieser Regelung kann sich der Urheber nach der Veröffentlichung seiner Werke einer Parodie, Stilimitation oder Karikatur nicht widersetzen, sofern der Parodist die Eigengesetzlichkeiten dieser drei Kunstformen berücksichtigt.
Die älteren Urheberrechtsgesetze von 1791 und 1793 beinhalten keine Regelungen von parodistischen Werken. In dieser Zeit blieb es der Rechtslehre und Rechtsprechung vorbehalten, in diesem Bereich Lösungsmöglichkeiten zu entwickeln; diese Ergebnisse wurden im Gesetz von 1957 in Form und Gestalt des Art. 41 Ziff. 4 zusammengefaßt.
Das Parodieren und Karikieren von geschützten Kunstwerken wird durch Art. 41 ausdrücklich als erlaubt erklärt, sofern die Eigengesetzlichkeit der Parodie, Pastiche und Karikatur vom Schöpfer des zweiten Werkes berücksichtigt worden sind.
Über die Art und Beschaffenheit dieser in Art. 41 erwähnten „lois du genre“ hat sich der Gesetzgeber nicht geäußert, so daß die Vermutung naheliegt, die spezielle Problematik der parodistischen Werke, die wir nunmehr von anderen Ländern her kennen, werde durch die Norm von Art. 41 nur scheinbar gelöst: die Fragen, wann eine Parodie (Pastiche oder Karikatur) vorliege, wie eng die Bezugnahme des parodistischen Werkes auf seine Vorlage sein dürfe, ob nur Stilimitationen oder Nachahmungen der Manier und Art eines Autors unter die zulässigen Arten von Art. 41 fallen, welche Eigengesetzlichkeiten dieser drei Kunstformen der Parodist berücksichtigen müsse etc., werden durch die Spezialnorm nicht beantwortet und bleiben weiterhin der Rechtsprechung und Rechtswissenschaft zur Entscheidung überlassen.
Letztere beschäftigte sich schon sehr früh mit dem Problem der Parodie im Urheberrecht, da bereits im 19. Jahrhundert diesbezügliche Urteile zu Diskussionen Anlaß gaben.

---

[1] Loi no. 57 – 298 du 11 Mars 1957 sur la propriété littéraire et artistique. – Viersprachig, darunter auch deutsch, veröffentlicht in: Revue Internationale du Droit d'Auteur (R.I.D.A.) XIX, 485 ff.; dort Art. 41 Ziff. 4: „Nach der Verbreitung des Werkes kann der Urheber nicht untersagen: ... 4. Die Parodie, die humorvolle Nachahmung (pastiche) und die Karikatur unter Berücksichtigung der Regeln dieser Gattungen.“

In seinem „Code des Théâtres" bemerkt 1882 *Charles Constant*, daß dem Parodisten zweifelsohne ein Vorrecht eingeräumt werden müsse[2]. Auch wenn die Parodie sich auffallend eng an ihre Vorlage halte, liege kein Plagiat vor, denn die Parodie entfalte ihre Wirkung erst dann, wenn das Originalwerk darin gut zu erkennen sei.
Im übrigen seien Parodierungen den betreffenden Urhebern keineswegs schädlich, im Gegenteil: da die Kenntnis des parodierten Werkes Voraussetzung für das Verständnis und den Genuß der entsprechenden Parodien sei, werde die Verbreitung des Originalwerkes sogar gefördert.
Ebenso befürwortend charakterisiert *Pouillet* das Problem der Parodie und ihre Beziehung zum Originalwerk[3]. Seiner Ansicht nach bedeutet ein Verbot der Parodien eine Verdammung der Kritik im allgemeinen. Zwar komme es oft vor, gibt Pouillet zu, daß gerade unter dem Vorwand der Parodie simple Nachahmungen geschaffen werden. Doch dürften diese natürlich von den Gerichten keinesfalls geschützt und als zulässig erklärt werden.
René Savatier sieht im Pastiche eine der verschiedenen Arten der Kritik, Bewertung und Analyse eines Kunstwerkes: „C'est une critique littéraire présentées sous forme de symbole. Malicieuse, certes, en général, quoique à des degrés divers, mais d'une malice à la quelle l'auteur de la création artistique ou littéraires s'est librement et volontairement exposé. Telle est la règle du jeu dans le Royaume des Muses."[4]
Die Klageanstrengung eines Urhebers gegen den Parodisten seines Werkes beurteilt Savatier pessimistisch: es sei klar „. . . que les rieurs ne seraient pas de leur côté et que l'avocat du pasticheur accentuérait le pastiche à leur frais."
Henri Desbois, welcher sich verschiedentlich und eingehend mit dem Parodieproblem beschäftigt hat, versteht unter dem Begriff der Parodie „la production qui tend à tourner en dérision les traits caractéristique, le plus souvent les faiblesses, les manies d'un compositeur, les aspects qui prêtent à rire de ses œuvres ou de l'une en particulier."[5]
Über den Stilimitator (pasticheur) meint er: „L'auteur du pastiche ne fait rien d'autre que reprendre l'un des sujets favoris de l'écrivain qu'il prend comme cible, mais au lieu d'en tirer des effets pathétiques il s'efforce de provoquer le sourire ou les rires; ou bien, en insistant sur les particularités d'un style, dont il exagère les traits, il confine au ridicule, dont il impose les frais à son modèle."[6] Solche Stilimitationen würfen keine urheberrechtli-

---

[2] Charles *Constant*, Code des Théâtres, 2. Aufl. 1882, S. 182.
[3] H. *Pouillet*, Traité de la propriété littéraire et artistique, 3. Aufl. 1908, S. 545.
[4] René *Savatier*, Le Droit de l'Art et des Lettres, Paris 1953, S. 92.
[5] Henri *Desbois*, Le Droit d'Auteur en France, 2. Aufl., Paris 1969, S. 288.
[6] *Desbois*, a.a.O., S. 288.

chen Probleme auf, denn Ideen, Stil und Manier eines Künstlers seien auch im französischen Urheberrecht nicht schützbar[7].
Anders liegt seiner Ansicht nach die Sache bei parodistischen Werken, welche sich auf ein ganz bestimmtes, geschütztes Kunstwerk beziehen. Wenn die Entlehnung in der Parodie bestimmbar sei, liege eine Bearbeitung vor: „L'innovation qu'a réalisée l'auteur du pastiche, de la parodie, de la caricature, ne rompt pas le lien de filiation."[8]
Die Einschränkung von Art. 41 Ziff. 4 des französischen Urheberrechtsgesetzes, welche vom Parodisten die Berücksichtigung der Eigengesetzlichkeiten fordert, zielt nach Desbois darauf ab, Machenschaften entgegenzutreten, welche nicht von der Absicht geprägt sind, Lachen hervorzurufen, sondern hinter denen eine bösartige Intention und der Wille zu schaden stecken.
Sofern der Parodist sein Talent als Imitator und Karikaturist innerhalb einer eigenen Schöpfung und nicht im Rahmen eines fremden Werkes entfalte, sofern sich dementsprechend keine buchstäblichen Entlehnungen aus dem Originalwerk in der parodistischen Schöpfung finden lassen[9] und vorausgesetzt, der Parodist habe nicht in böser Absicht gehandelt, sondern mit dem Ziel unterhalten, zu kritisieren oder Lachen hervorzurufen, sind nach Desbois Parodien ohne vorherige Zustimmung des Originalwerk-Autors zulässig: „L'esprit caustique, qui est si répandu en France et y apparaît comme l'une des formes de la liberté d'expression, serait inutilement comprimé, si les auteurs qui subissent les piqûres d'épingle de ce genre amusant devaient être consultés."[10]

B. Die Parodie in der französischen Rechtsprechung

Die Rechtsprechung in Frankreich mußte sich bereits im 19. Jahrhundert einige Male mit dem Problem der Parodie im Urheberrecht befassen. Gemäß diesen Urteilen aus den Jahren 1842, 1872, 1879 und 1886 wurden Parodien über fremde geschützte Kunstwerke als zulässig betrachtet, sofern sie keine völlig übereinstimmenden Teile des Originalwerkes übernommen hatten und sofern das Publikum die äußere Form der Parodie von derjenigen des Originalwerkes klar unterscheiden konnte.

---

[7] Gleicher Meinung, aber vorsichtiger formulierend: Alain *Le Tarnec*, Manuel de la Propriété Littéraire et Artistique, 2. Aufl., Paris 1966, S. 210: „Si un compositeur imite, non une composition antérieure déterminée, mais le genre d'un précédent auteur, son style, sa manière sans que l'on puisse localiser l'emprunt, cette imitation ne constituera pas nécessairement une contrefaçon."
[8] *Desbois*, a.a.O., S. 289.
[9] Vgl. auch Henri *Desbois*, Parody in France, in: Pinner, World Copyright, Vol. III 1957, S. 404.
[10] *Desbois*, a.a.O., S. 289/290.

Im folgenden sollen zwei Urteile aus den Jahren 1934 und 1970 besprochen werden, welche sich beide mit Parodien von Musikwerken befassen.

I. Jugement du Tribunal de Commerce de la Seine le 26 juin 1934

Die Gesellschaft Raoul Breton & Cie. gab in den Dreißiger Jahren ein Chanson heraus, in welchem zwei Takte à zehn Noten der Passage „Toréador" aus Bizets Oper „Carmen" vorkamen.
Die Vertreterin der Urheberrechte Bizets, La Maison d'éditions Choudens, klagte die Herausgeber des erwähnten Chansons, „Couchés dans le foin", beim Handelsgericht Paris wegen Verletzung von Bizets Urheberrecht ein; die Veröffentlichung des entlehnten Teiles aus „Carmen" stelle eine widerrechtliche Nachahmung dar.
Das Gericht ging in seinem Urteil[11] davon aus, daß ein Schadenersatzanspruch nur dann geltend gemacht werden könne, wenn ein Schaden vorhanden sei.
Den Autoren des umstrittenen Liedes könne jedoch keinesfalls unterstellt werden, daß sie in der Absicht gehandelt hätten, die betreffende Opernpassage aus kommerziellen Gründen in ihr Chanson übernommen zu haben. Deshalb liege auch kein Schaden vor.
Zudem sei die Entlehnung auf zehn Noten beschränkt. Worte, Harmonie und Rhythmus der Takte besäßen absolut keinen Bezug zum Originalwerk.
Das im strittigen Lied vorkommende Wort „Toréador" sei zusammen mit dem Melodiefragment aus „Carmen" vom Autor bewußt eingesetzt worden: „... cette allusion, peut-être familière mais en tout cas inoffensive, tend à obtenir un effet comique et parodique entièrement différent de l'effet produit sur le public par l'exécution des couplets de Carmen et se réduit ainsi à une simple citation."[12]
Weiter führt das Gericht aus, daß die Autoren den parodistischen Effekt nur bei denjenigen Leuten erwecken könnten, welche die Couplets der Oper kennen.
Zudem unterstreiche der Erfolg des Chansons „Couchés dans le foin" gewissermaßen denjenigen von „Carmen". Das umstrittene Werk, „œuvrette légère, fantaisiste, ayant un caractère propre et original", könne deshalb – weder als Ganzes noch als Teilwerk – als Nachahmung qualifiziert werden und stelle daher auch keinen Eingriff in die Eigentumsrechte des Hauses Choudens dar.
François Hepp beurteilte diese Ausführungen des Gerichtes als völlig neu; es scheine, daß die Erwägungen des Gerichtes das musikalische Zi-

---

[11] Droit d'Auteur, 1935, S. 81 ff.
[12] a.a.O., S. 81.

tat in parodistischem Sinn zulassen, „... une solution nouvelle dans la jurisprudence française."[13]
Desbois teilt die Ansichten des Gerichtes in keiner Weise, wenn er sagt: „La ‚citation parodique' stricto sensu ne se justifie donc, ni en partant de l'esprit qui l'anime, puisque'en droit français la protection est indépendante de la valeur intrinsèque et de la destination de l'œuvre ni par l'effet d'une assimilation de la mélodie à l'idée, qui serait arbitraire puisque la première est un mode d'expression et la seconde un objet à exprimer. La parodie textuelle, c'est-à-dire la citation jocandi causa, appelle condamnation: seule est licite la parodie, qui porte sur la manière d'un compositeur en dehors de toute imitation servile de ses œuvres."[14]

II. Jugement du Tribunal de Grande Instance de Paris du 9 janvier 1970

Eine Plattenproduktionsgesellschaft veröffentlichte 1966 vier Chansons des Sängers Edouard, welche als Parodien von vier Liedern des bekannten Künstlers Antoine gedacht waren.
Die Produktionsgesellschaft von Antoine erblickte in den strittigen Chansons von Edouard keine Parodien, sondern lediglich Nachahmungen. Sie klagte Edouard und seine Gesellschaft ein und forderte neben Schadenersatz auch die Beschlagnahmung der hergestellten Platten.
Das Gericht ließ von einem Musikwissenschaftler ein Gutachten anfertigen, in welchem überprüft werden sollte, ob es sich bei den umstrittenen Liedern um Parodien handle oder nicht[15].
Der Experte, welcher die acht Chansons hinsichtlich ihrer Melodien, Rhythmen, Harmonien, Texte und Interpretationen verglich, kam zum Schluß, daß es sich bei zwei der vier Lieder Edouards um selbständige originelle Werke handle, während sich die zwei andern Chansons lediglich durch die Tempi unterschieden. Trotzdem dürfe man bei diesen nicht von Nachahmungen sprechen, es handle sich eindeutig um echte Parodien, welche die Originallieder karikierten, indem sie deren charakteristischen Merkmale heraushöben.
Das Gericht folgte diesen Überlegungen des Sachverständigen nicht. Es war der Ansicht „... qu'il n'y a de parodie que dans la mesure où l'auteur obtient un effet caricatural ou tout à fait étranger à l'œuvre originale, de telle sorte que tout risque de confusion soit exclu entre les deux compositions."[16]

---

[13] François *Hepp*, Revue de Jurisprudence, in: Musique et Instruments, 1934, S. 542.
[14] Henri *Desbois*, Le Droit d'Auteur en France, Paris 1950, S. 360.
[15] Recueil Dalloz Sirey, 1970, Paris, S. 679.
[16] a.a.O., S. 680.

Diese Anforderungen erfüllen die umstrittenen Chansons in keiner Weise. Die Lieder Edouards unterschieden sich hinsichtlich einer karikierenden Verzerrung von den originalen Werken nicht. Dabei zeichneten sich die letzteren ihrerseits bereits durch einen burlesken Charakter aus, so daß sie sich für Parodien denkbar schlecht eigneten.

„... pour ne relever que deux exemples, cependant choisis par les défendeurs et spécialement cités dans leurs écritures, à savoir le titre ‚Les hallucinations d'Edouard' et la répétition dans la même chanson de l'interjection ‚Oh non!' il apparaît que le titre considéré n'est autre qu'une simple démarcation, sans effet comique surajouté, du titre, ‚Les élucubrations d'Antoine' et que la répétition de l'interjection ‚Oh non!' n'apporte pas le moindre élément caricatural par référence à l'interjection ‚Oh yeah!', d'ailleurs moins dépourvue de banalité, de la chanson d'Antoine."

Das Gericht qualifizierte in der Folge zwei der vier umstrittenen Chansons Edouards als Nachahmungen und verurteilte die Beklagten zu Schadenersatz.

C. Zusammenfassung

Das französische Urheberrechtsgesetz enthält als eines der wenigen Urheberrechtsgesetze der Welt eine Spezialnorm über die Parodie, worin bestimmt wird, daß sich ein Urheber der Parodie, Stilimitation oder Karikatur eines seiner Werke nicht widersetzen könne, sofern der Urheber des neuen Werkes die Eigengesetzlichkeiten dieser Kunstformen (lois du genre) berücksichtige.

Obwohl diese Regelung die Parodie grundsätzlich zuläßt, werden dadurch die Schwierigkeiten in der Beurteilung nicht aus dem Wege geräumt. Wann eine Parodie vorliegt, welche Regeln bei der Schaffung zu berücksichtigen sind etc. ist nicht klar. Diese Fragen müssen durch Wissenschaft und Rechtsprechung beantwortet werden.

Henri Desbois, der sich am eingehendsten mit dem Problem der Parodie auseinandergesetzt hat, will ein parodistisches Werk nur dann für zulässig erklären, wenn es nicht ein bestimmtes Kunstwerk, sondern den Stil, die Manier und Art eines Künstlers als Zielscheibe wählt und karikiert.

In einem Urteil aus dem Jahre 1934 befand das Handelsgericht Paris, daß ein musikalisches Zitat erlaubt sei, wenn es eine parodistische Wirkung hervorrufe.

Das Tribunal de Grande Instance de Paris fordert für die Zulässigkeit einer Parodie die Voraussetzung, daß die Parodie einen karikierenden oder vom Originalwerk völlig fremden Effekt beinhalte, so daß jede Verwechslungsgefahr ausgeschlossen sei.

5. Kapitel: Schweiz

A. Die Parodie im schweizerischen Urheberrecht

Wie die meisten anderen Urheberrechtsgesetze enthält auch das heute geltende Urheberrechtsgesetz der Schweiz aus den Jahren 1922/1955 keine Bestimmung über die Parodie als Gegenstand des Urheberrechts. Es fehlen auch Normen über die sog. „freie Benutzung" eines urheberrechtlich geschützten Werkes, nach Art. 4 Abs. 1 wird lediglich die Bearbeitung als schützbares, aber vom Originalwerk abhängiges Kunstwerk aufgeführt, wobei ins Absatz 3 vermerkt wird, daß „das Recht des am wiedergegebenen Originalwerk Berechtigten" in allen Fällen vorbehalten bleibe. Man könnte nun veranlaßt sein zu glauben, alle Benutzungen von fremden Werken oder Teilen würden nach schweizerischem Urheberrecht als Bearbeitungen qualifiziert und deren Verwertung und Verbreitung seien deshalb stets von der Zustimmung des Autors abhängig. Das Bundesgericht klärte dieses Problem in einem Urteil vom 2. Juni 1959; es ließ darin wissen, daß auch im schweizerischen Urheberrecht eine „freie Benutzung" nach deutschem Vorbild möglich sei: „Der in § 13 Abs. 1 des deutschen Gesetzes betreffend das Urheberrecht an Werken der Literatur und der Tonkunst aufgestellte Satz, wonach die freie Benutzung des Werkes eines andern zulässig ist, wenn dadurch eine eigentümliche Schöpfung hervorgebracht wird . . ., ist als ungeschriebene Norm auch Bestandteil des schweizerischen Rechts."[1]
Es ist anzunehmen, daß mit dem Wortlaut der deutschen Regelung der „freien Benutzung" auch die dazugehörenden Abgrenzungskriterien angewendet werden sollen. Damit ergibt sich für die Behandlung von parodistischen Werken dieselbe Problematik, die wir in Deutschland angetroffen haben. Das heißt: wird in der Schweiz die „Formel des Verblassens der wesentlichen Züge des Originalwerks" nach *Ulmer* angewendet – und laut Expertenkommission des ersten Vorentwurfes für ein neues schweizerisches Urheberrechtsgesetz soll dieses Kriterium für die Beurteilung von „freien Benutzungen" zugezogen werden[2] – ist es fraglich, ob eine Parodie jemals nach schweizerischem Gesetz aus dem Bereich der Bearbeitung heraustreten und ein von der Vorlage unabhängiges, selbständiges Werk darstellen kann.
Bei den Werken der Musik hingegen besteht zur deutschen Kodifikation hinsichtlich der „freien Benutzung" ein erheblicher Unterschied. Während in § 13 Abs. 2 des älteren LUG und in § 24 Abs. 2 des neuen Urheber-

---

[1] BGE 85 II 120 („Sherlock Holmes – Urteil").
[2] Vgl. Erläuterungen zum Vorentwurf I des Bundesgesetzes betr. das Urheberrecht, S. 31. – UFITA Bd. 66 (1973) S. 219.

rechtsgesetzes der sog. starre Melodienschutz normiert ist, hält Art. 15 des schweizerischen Urheberrechtsgesetzes ausdrücklich fest, daß sich das Urheberrecht an musikalischen Werken nicht auch auf die Benutzung der Melodien erstreckt, sofern ein selbständiges neues Werk geschaffen wird. Nach deutschem Gesetz darf eine musikalische Parodie – wie wir oben gesehen haben[3] – praktisch nie ohne die Erlaubnis des Originalwerk-Urhebers verwertet oder veröffentlicht werden. Dem Parodisten von Musikstücken in der Schweiz wird mehr Spielraum gelassen.

Die beiden Vorentwürfe für ein neues schweizerisches Urheberrechtsgesetz[4] sehen ebenfalls keine Bestimmungen für die freie Benutzung vor, geschweige denn eine solche für die Parodie.

Art. 2 Abs. 1 des ersten Vorentwurfes (VE I) lautet: „Wird ein Werk unter Verwendung eines oder mehrerer bestehender Werke derart geschaffen, daß die verwendeten Werke in ihrer individuellen Prägung erkennbar bleiben, so ist es eine Bearbeitung."[5]

In den Erläuterungen zu diesem Artikel wird erklärt, daß ein neu geschaffenes Werk keine Bearbeitung, sondern eine unabhängige Schöpfung darstelle und ohne die Zustimmung des Originalwerk-Autors benutzt werden dürfe, wenn die charakteristischen Züge des verwendeten Werkes neben der Individualität des neu geschaffenen Werkes verblassen[6].

Die Expertenkommission des zweiten Vorentwurfes meint dazu: „Eine Bestimmung über die freie Benutzung geschützter Werke, wie sie Art. 24 des Gesetzes der Bundesrepublik Deutschland von 1965 enthält, ist auf Grund Art. 2 VE II überflüssig."[7]

Sollte eine dieser beiden, beinahe gleichlautenden Fassungen der Art. 2 in das neue Urheberrechtsgesetz übernommen werden, so wird die Parodie als ein von seiner Vorlage unabhängiges, selbständiges Werk angesehen, sofern das parodierte Werk in seiner individuellen Prägung nicht mehr erkenntbar ist. Bei dieser Feststellung tauchen die bekannten Zweifel auf: ist unter solchen Umständen eine Parodie überhaupt noch möglich?

---

[3] Vgl. Kapitel 1,

[4] Vorentwurf I veröffentlicht in UFITA Bd. 66 (1973) S. 173 ff., Vorentwurf II veröffentlicht in UFITA Bd. 72 (1975) S. 220 ff.

[5] Der Wortlaut des Art. 2 Abs. 1 des VE II stimmt grundsätzlich mit demjenigen des ersten überein, es sind lediglich die Ausdrücke „individuelle Prägung" und „Bearbeitung" durch die Begriffe „individueller Charakter" bzw. „Werke zweiter Hand" ersetzt. Siehe UFITA Bd. 72 (1975) S. 224.

[6] Erläuterungen zum VE I, S. 31 = UFITA Bd. 66 (1973) S. 219.

[7] Erläuterungen zum VE II des Bundesgesetzes betr. das Urheberrecht, S. 6 = UFITA Bd. 72 (1975) S. 249.

B. Die Parodie in der Rechtslehre

Die schweizerische urheberrechtliche Literatur nimmt sich hinsichtlich des Spezialproblems der Parodie äußerst spärlich aus.
Alois Troller begnügt sich, in einer Anmerkung festzuhalten, daß es oft schwer falle, Plagiate und kritische, verulkende Verwendungen (Parodien) zu unterscheiden. „Die Parodie spottet über das Original und fordert den Vergleich mit diesem heraus, währenddem das Plagiat die Herkunft verbirgt. Die Parodie ist ein beliebtes Mittel zur Kritik. Die Parodie ist gekennzeichnet durch die antithematische Behandlung."[8]
In seiner Schrift „Bearbeitung und Urheberrecht" fordert *Hans Weber*, daß dem Parodisten eine Ausnahmestellung einzuräumen sei, „da er die Formelelemente teilweise übernehmen muß, um den veränderten Gedankeninhalt zum Ausdruck zu bringen und dem neuen Sinn Geltung zu verschaffen."[9] Gerade die Benutzung der Formelemente erstrebe aber eine freie, losgelöste Wirkung, denn die Form diene dem Parodisten zum Ausdruck eines ganz anderen Inhalts, nämlich eines komischen statt tragischen.
„Die Verbotswirkung des Urheberrechts des Originalautors erstreckt sich daher nicht auf Parodien, auch wenn sie sich ganz eng ans Original halten, denn desto enger sie sich daran halten, umso treffender sind die Parodien."[10]
Gleicher Meinung ist *K. Baumann*, der in der engen Anlehnung der Parodie an das parodierte Werk keine Verletzung des Urheberrechts sieht, sondern diese als freie Benutzung betrachtet. Hinsichtlich seines gedanklichen Kerns liege hier ein ganz anders geartetes Werk als das Originalwerk vor: „Die Parodie zielt vermöge ihres humoristisch-kritischen Zwekkes auf ganz andere Wirkungen ab als das benutzte Werk."[11]
Nach *E. Röthlisberger* besteht für den Parodisten die große Gefahr, für einen Plagiator gehalten zu werden, da er sich stets hart an der Grenze der Nachahmung aufhalte[12].
Abgesehen von der Form, welche wesentlich verändert werde, liege bei der Entlehnung der Grundidee, des gleichen Standpunktes bei Gleichbehandlung des Inhaltes, bei gleicher Gruppierung und Nutzanwendung ein geistiger Diebstahl vor.
In gleicher Weise warnt *Eric del Bianco*: „La parodie ou la satire ne doi-

---

[8] Alois *Troller*, Immaterialgüterrecht, Bd. II, 2. Aufl. 1971, Stuttgart/Basel, S. 802, Anm. 286.
[9] Hans *Weber*, Bearbeitung und Urheberrecht, Diss. Zürich, 1935, S. 49.
[10] aaO., S. 50.
[11] Karl *Baumann*, Das Urheberrecht an der Melodie und ihre freie Benutzung, Diss. Zürich 1940, S. 154.
[12] Ernst *Röthlisberger*, Das Plagiat, in: ZSR, NF Bd. 36, 1934, S. 187.

vent pas constituer une exception au régime commun, car il est trop évident que la caricature peut, dans certains cas, être un simple prétexte à tirer profit du succès d'autrui."[13]

Martin Lutz kommt in seiner Schrift „Schranken des Urheberrechts nach schweizerischem Recht" zum Ergebnis, daß der Parodist, obwohl für seine Schöpfung die Form des Originalwerkes praktisch unverändert beibehalten werde, keine vom Urheber des parodierten Werkes geschaffenen Elemente übernehmen müsse.[14].

Er imitiere lediglich die Schaffensmethode und wende diese auf freie Elemente der Außenwelt an.

C. Die Parodie in der Rechtsprechung

Die Fragen, wann eine Parodie zulässig ist, unter welchen Umständen ein Urheber das Parodieren eines seiner Werke dulden muß, etc., wurden in der Schweiz bisher lediglich vom Obergericht des Kantons Zürich in einem diesbezüglichen Urteil beantwortet[15].

Streitobjekt dieses Prozesses im Jahre 1949 stellte ein Programmteil des Kabarettisten Walter Morath dar, welcher in einer Nummer seines Programmes eine bekannte Figur seines Berufskollegen Alfred Rasser imitierte: den senilen, witzigen Alt-Basler „Professor Cekadete". Alfred Rasser ersuchte den Einzelrichter des Bezirksgerichtes Zürich um eine vorsorgliche Maßnahme i.S. der Art. 52/53 URG und stellte den Antrag, man solle seinem Gegenspieler verbieten, die urheberrechtlich geschützte Figur in irgend einer Nachahmung öffentlich vorzutragen. Diesem Antrag wurde mittels einer provisorischen Verfügung stattgegeben. Der Beklagte erhob darauf beim Obergericht Zürich Rekurs und beantragte die Abweisung des klägerischen Begehrens und Aufhebung des Befehls. Die zweite Zivilkammer des Obergerichtes entschied in ihrem Urteil vom 18. März 1949 zugunsten des Klägers und wies den Rekurs ab. Das Gericht geht in seiner Urteilsbegründung von der Überlegung aus, daß es sich bei der Figur des „Prof. Cekadete" um ein Werk im Sinne des schweizerischen Urheberrechts und der Berner Übereinkunft handle. Es erscheine unzweifelhaft, „. . . daß ‚Prof. Cekadete' die Verkörperung eines originellen Gedankens von individuellem Gepräge, und somit ein Werk darstellt."

Im Grunde sei auch der Beklagte dieser Meinung, wenn er seine Nummer als Parodie der klägerischen Nummer bezeichne. Denn parodieren könne

---

[13] Eric *del Bianco*, Le Droit d'Auteur et ses Limites, Diss. Lausanne, 1951, S. 62.

[14] Martin J. *Lutz*, Die Schranken des Urheberrechts nach schweiz. Recht, Diss. Zürich 1964, S. 26ff.

[15] Gekürzte Wiedergabe des Urteils in SJZ 45, S. 204/5.

man nur eine Gestalt, die eine beträchtliche Individualität und Originalität aufweise.
Die Originalität und Individualität entstehe nicht durch die gesprochenen Texte, sondern erst durch die in der Aufführung sinnlich wahrnehmbar gemachte vis comica des Klägers, welche sich dem Zuschauer ohne weiteres als Hauptfaktor der Gesamtwirkung aufdränge.
Das Kernproblem des Streites liegt nach Ansicht des Gerichtes in der Frage, ob die Nummer des Beklagten eine unerlaubte Nachahmung oder eine zulässige Parodie des „Prof. Cekadete" sei. Das Gericht kommt zum Schluß, daß eine Parodie dann als erlaubt gelten könne, wenn die Hauptwirkung des neuen Werkes in der eigenen parodistischen Leistung und nicht in den Qualitäten des Originalwerkes liege:
„Es genügt nicht, daß neben den nachahmenden auch parodistische Züge zu entdecken seien. Vielmehr muß verlangt werden, daß vor der Originalität und Individualität der parodistischen Neuschöpfung jene des zu Grunde liegenden Werkes mindestens momentan in den Hintergrund trete. Nur so läßt sich vermeiden, daß die Parodie als Tarnung für Werke diene, die im Grunde von der Kopie leben."
Eine Parodie in diesem qualifizierten Sinne stelle vorliegender Fall offensichtlich nicht dar. Bei der Betrachtung der vom Kläger verwendeten Texte sei es schlechterdings undenkbar, wie diese Parodie ihrerseits so parodiert werden sollte, daß das Hauptgewicht der humoristischen Wirkung sich von der ursprünglichen Parodie auf die Parodie zweiten Grades verschöbe.
Da nun der Beklagte auch noch die Maske der originalen Figur übernommen habe, stelle die Nummer eindeutig eine Imitation dar, da ihre Wirkung zur Hauptsache der Imitation und höchstens nebenbei einer selbständigen parodistischen Leistung zu verdanken sei.
Dieses Urteil erhielt in letzter Zeit erneut Aktualität, da im Januar 1975 in der deutschsprachigen Schweiz zwischen den Kabarettisten Alfred Rasser und Fredy Lienhard ein weiterer Parodiestreit entbrannte[16]. Lienhard begegnete der Vorwurf, zwei bekannte Figuren seines Berufskollegen unerlaubterweise imitiert und diese Nachahmung als Parodie ausgegeben zu haben. Gestützt auf das Urteil des Obergerichtes von 1949 erließ der Einzelrichter des Bezirkes Dielsdorf in einem ersten Verfahren eine provisorische Verfügung. Es wurde dem Beklagten verboten, die betreffenden Nummern seines Programmes sowie auch irgend eine andere Nachahmung dieser beiden Figuren weiter öffentlich vorzutragen, da es sich um urheberrechtlich geschützte Werke handle[17]. Der Kläger unterließ es darauf – zur Enttäuschung der am Urheberrecht Interessierten – die Hauptklage am Obergericht einzureichen, da sich sein Kollege außerge-

[16] Vgl. FILM UND RECHT Nr. 4/1975 S. 265.
[17] Verfügung vom 28. Februar 1975.

richtlich verpflichtete, die beiden umstrittenen Figuren in seinem Programm nicht mehr zu „parodieren“ bzw. zu imitieren.

D. Zusammenfassung

Im schweizerischen Urheberrechtsgesetz lassen sich weder Bestimmungen über die freie Benutzung noch über die Parodie finden.
Ebenfalls keine diesbezüglichen Normen sehen die Vorentwürfe I und II für ein neues schweizerisches Urheberrechtsgesetz vor.
In der schweizerischen Literatur wird das Problem der Parodie im Urheberrecht kaum diskutiert, und auch das Bundesgericht mußte sich zu diesen Fragen noch niemals äußern.
Lediglich das Obergericht Zürich setzte sich anläßlich einer Kabarett-Imitation eingehend und differenziert mit dem komplexen Problem auseinander. Es will die Parodie nur dann als zulässig gelten lassen, wenn die Hauptwirkung der Parodie in der eigenen parodistischen Leistung und nicht in den Qualitäten des Originalwerkes liegt. Die Originalität und Individualität der parodistischen Neuschöpfung müssen vor jenen des Originalwerkes in den Vordergrund treten. Keinesfalls dürfe die Parodie als Tarnung für Werke dienen, die im Grunde von der Kopie leben.

6. Kapitel: Überblick und Schlußfolgerungen

Im Folgenden sollen die möglichen Behandlungen wie auch die unterschiedlichen Ansichten und Auffassungen der Parodie, wie sie uns in der vergleichenden Übersicht begegnet sind, nochmals kurz nebeneinander aufgereiht und erläutert werden.

A. Der Begriff der Parodie

Wie uns aufgefallen ist, gehen die meisten Urheberrechtler nicht von einem bestimmten, abgegrenzten Begriff „Parodie“ aus, sondern sprechen stets von *der* Parodie, meinen damit aber oft etwas sehr Unterschiedliches. Aus dieser Tatsache lassen sich denn auch die mannigfaltigen, stark divergierenden Ansichten und Wertungen der Parodie erklären.
Differenzierte Definitionen oder Wesensbeschreibungen der Parodie sind selten anzutreffen. Man begnügt sich, auf einige wichtig erscheinende und oft nur vermeintlich zutreffende Charaktermerkmale hinzuweisen.
Einig sind sich alle zitierten Rechtsgelehrten und Gerichte, daß sich die

Parodie auf eine bestimmte Vorlage, sei es nun ein einzelnes Werk oder eine ganze Werkreihe eines bestimmten Künstlers, bezieht. Hinsichtlich der Frage, wie diese Bezugnahme im einzelnen vor sich geht, bestehen jedoch sehr unterschiedliche Auffassungen. Die Mehrheit der Gelehrten ist der Ansicht, die Parodie wandle den ernsten Sinn, die tragische Wirkung des Originalwerkes um in eine humorvolle, spöttische und witzige Art[1].

In den häufigsten Fällen beschreibt man die Parodie mit dem Begriff der antithematischen Behandlung[2], wodurch auf die spezifische Inhaltsumkehrung hingedeutet werden soll: die Parodie ruft statt Weinen Lachen hervor[3].

Auch über die Technik des Parodisten gehen die Meinungen stark auseinander: Ob die Parodie nun die Form des Originalwerkes übernimmt und den Inhalt neu bildet oder umgekehrt aus dem vorgegebenen Werk den Inhalt entlehnt und ihn in eine neue Form preßt, ob der Parodist einzelne Stellen und Teile des parodierten Werkes oder nur Stilelemente, Manier und Art eines Künstlers für seine eigene Schöpfung verwendet, – dies alles sind Fragen, welche ganz unterschiedlich beantwortet werden. Häufig wird auch bemerkt, die Parodie streiche die auffälligen, mangelhaften und schlechten Stellen eines bestimmten Kunstwerkes heraus, vergrößere diese Elemente und gebe sie damit dem Spott und Gelächter preis[4].

Damit ist auch schon eine der mannigfaltig diskutierten Absichten und Motivationen des Parodisten genannt: die Kritik, welche von einem Großteil der Urheberrechtler nicht nur als Ziel- und Zweckmerkmal, sondern sogar als Voraussetzung für das Vorliegen einer Parodie überhaupt angesehen wird[5].

Unterhaltung, Karikatur, Spott und Witz, aber auch böser Wille, Neid und Mißgunst werden als weitere Motive des Parodisten genannt[6].

Daß sich diese unterschiedlichen, unklaren und rudimentären Begriffsbestimmungen der Parodie für eine optimale urheberrechtliche Beurteilung schlecht eignen und in der Folge dazu führen, daß ein und derselbe Sachverhalt rechtlich verschieden qualifiziert wird, ist augenfällig.

Eine klare Erfassung und eindeutige Bestimmung der Art, Technik und Bedeutung der Parodie, sowie Abgrenzungsbestimmungen zu benachbarten und ähnlichen Erscheinungen scheinen die wichtigsten Voraus-

---

[1] *de Boor*, Urheberrecht, S. 88; *Ferrara*, La Protezione, S. 169; *Musatti*, La Parodia, S. 163; *Desbois*, Droit d'Auteur, S. 288.

[2] *Ulmer*, Urheberrecht, S. 224; *Troller*, Immaterialgüterrecht, S. 802.

[3] *Musatti*, S. 163.

[4] *Caselli*, Codice, S. 623; *Desbois*, S. 288.

[5] *Elster*, Urheberrecht, S. 90; *Marwitz/Möhring*, Urheberrecht, S. 139; *Hubmann*, Urheberrecht, S. 147; *Caselli*, S. 623; *Troller*, S. 802.

[6] *Caselli*, S. 623; *Sandulli*, Codice, S. 367.

setzungen für eine optimale und zweckmäßige Lösung des komplexen Problemes darzustellen.

B. Die grundsätzlich möglichen Behandlungsarten der Parodie im Urheberrecht

Von den möglichen Lösungen, die uns im Verlaufe der vergleichenden Übersicht begegnet sind, lassen sich grundsätzlich die folgenden fünf unterscheiden:

1. Die Parodie ist ein Plagiat oder eine Nachahmung und stellt deshalb eine Urheberrechtsverletzung dar.
2. Die Parodie ist eine Bearbeitung und damit ein unselbständiges, jedoch schützbares Werk, dessen Verbreitung und Verwertung von der Zustimmung des Originalwerk-Urhebers abhängig sind.
3. Die Parodie ist stets eine freie Benutzung und damit ein selbständiges, eigenes und schützbares Werk, dessen Verbreitung und Verwertung von der Zustimmung des Originalwerk-Urhebers nicht abhängig sind.
4. Die Parodie kann eine Bearbeitung, aber auch eine freie Benutzung sein. Sie muß individuell nach den diesbezüglichen Kriterien untersucht und beurteilt werden.
5. Die Parodie ist juristisch stets eine Bearbeitung, doch die Berücksichtigung der Interessen der Allgemeinheit fordert, daß die Parodie ohne Zustimmung und Erlaubnis des Originalwerk-Autors verwertet und verbreitet werden kann.
6. Die Parodie ist ein selbständiges Werk, dessen Entlehnungen und Übernahmen vom Originalwerk durch das Zitatrecht gedeckt werden.

Diese Auffächerung der genannten Lösungen zeigt uns die graduelle Abstufung in der Bewertung der Parodie sehr deutlich. Die Meinungen teilen sich polar: die eine extreme Gruppe sieht im parodistischen Werk eine Verletzung des Urheberrechts, die entgegengesetzte Auffassung beurteilt die Parodie als eigenständiges, wertvolles Kunstwerk, welches sich von andern Schöpfungen höchstens durch seinen Witz und seine Komik unterscheidet.

Die Gründe, welche die jeweiligen Vertreter angeben, um ihre Meinung zu untermauern, lassen sich in zwei Gruppen teilen: einerseits wird mit dogmatischen, aus dem Urheberrecht hergeleiteten Grundsätzen operiert, andererseits werden die Auffassungen durch kulturpolitische und rechtsphilosophische Theorien bekräftigt.

Die Befürworter der Parodie als eine vom Originalwerk abhängige Bearbeitung vertreten hauptsächlich folgende Auffassungen:

- Die Parodie entnimmt dem Originalwerk die ganze Substanz[7].

---

[7] *Stolfi*, IL Diritto, S. 587.

- Die Parodie schadet dem wirtschaftlichen Erfolg des Originalwerkes erheblich[8].
- Das ausschließliche Recht des Urhebers wird durch die Zulässigkeit der Parodie zu sehr eingeschränkt[9].
- Die parodistische Zielsetzung eines Werkes stellt keinen Freibrief für unfreie Entlehnungen aus dem Originalwerk dar[10].
- Der Zweckgedanke darf im Urheberrecht keinen Platz finden[11].
- Ein Werk kann parodiert werden, ohne daß man geschützte Teile entlehnt[12].
- Gerade unter dem Vorwand der Parodie werden simple Nachahmungen geschaffen[13].

Die Gegner dieser Auffassungen geben folgende, die Selbständigkeit und Individualität der Parodie befürwortende Gründe an:

- Die Form des Originalwerkes wird lediglich für den Ausdruck neuer Inhalte benutzt[14].
- Ohne Übernahmen von größeren Teilen des Originalwerkes gäbe es nur schlechte Parodien[15].
- Das Originalwerk wird nur als etwas benutzt, das durch seine Existenz die Berechtigung zur Auseinandersetzung gibt, was Gemeingut geistigen Schaffens geworden ist[16].
- Die enge Verknüpfung der Parodie mit ihrer Vorlage hat nur den Zweck, deutlich zu machen, daß und inwieweit die Parodie anders gestaltet ist[17].
- Die Eigenheiten des Vorbildes der Parodie müssen als Gegenstand der Auseinandersetzung erkennbar sein[18].

Neben diesen mehr rechtsdogmatischen Überlegungen werden auch rechtspolitische und philosophische Gedanken ins Feld geführt.

Die Gegner der Parodie als freie Benutzung sind folgender Auffassung:

- Die Parodie stellt ein parasitäres Werk dar, sie ist vom Originalwerk völlig abhängig[19].
- Der wirtschaftliche Wert der Parodie beläuft sich ohne das vorgegebene Werk auf Null[20].

---

[8] *Algardi*, Tema di Parodia, S. 407.
[9] *Selvin*, Parody, S. 56.
[10] UFITA, Bd. 62 (1971) S. 265ff., 267/268 = *Schulze*, BHGZ 182, S. 5.
[11] *Marwitz/Möhring*, S. 149; *Wolpert*, Schutz der Melodie, S. 833.
[12] *Selvin*, S. 60.
[13] *Pouillet*, Traité, S. 545.
[14] *Weber*, Bearbeitung, S. 49.
[15] *de Boor*, S. 103.
[16] *Marwitz/Möhring*, S. 139; *Möhring/Nicolini*, Anm. 2 zu § 24.
[17] *Möhring/Nicolini*, Anm. 2 zu § 24.
[18] *Samson*, Urheberrecht, S. 102.
[19] *Musatti*, S. 29.
[20] *Musatti*, S. 30.

- Der Schaden, der dem Originalwerk-Urheber durch die Parodierung eines seiner Werke entsteht, kann durch die Berücksichtigung der Interessen nicht aufgewogen werden[21].
- Die Parodisten brauchen nicht auf geschützte Werke Bezug zu nehmen, ihnen steht das riesige gemeinfreie Material für ihre Tätigkeit zur Verfügung[22].
- Eine ungehinderte Entnahme durch die Parodisten kann das ganze Urheberrecht unterminieren und vernichten[23].

Die Befürworter der Parodie werfen dagegen ein:

- Die Parodie entspricht einem Lebensbedürfnis, sie ist als Form von künstlerischer Kritik für Kultur und Wissenschaft notwendig[24].
- Der Autor des Originalwerkes würde nur in seltenen Fällen seine Zustimmung zur Verwertung und Verbreitung einer Parodie seines Werkes geben, da sie ihm unangenehm ist[25].
- Die Parodie fördert den wirtschaftlichen Erfolg des Originalwerkes, da letzteres durch die Persiflage eine größere Bekanntheit erlangt[26].
- Die Parodie kann das Bedürfnis, das Originalwerk zu genießen, niemals befriedigen, im Gegenteil: sie ruft den Wunsch danach wach[27].
- Die Parodie stellt eine uralte Form einer humorvollen, kritischen Auseinandersetzungsmöglichkeit mit dem Kunstschaffen dar, deshalb müssen sich die Interessen der Urheber denjenigen der Allgemeinheit unterordnen[28].

Der zutreffende Grund für diese unterschiedlichen Auffassungen und widersprechenden Ansichten über Wert, Bedeutung, Zweck und Stellung der Parodie im Kulturschaffen der Menschheit scheint in den sich stark wandelnden Erscheinungsformen dieser Kunstform zu liegen, d. h. die Parodie läßt sich nicht in eine gegebene, durch ganz bestimmte Charaktermerkmale ausgestaltete Form pressen, sie kann, wie jedes Kunstwerk auch, in höchst mannigfaltigen Erscheinungsformen auftreten. So gibt es „parodistische" Werke, die von einfachen Nachahmungen kaum zu unterscheiden sind, und ebenso trifft man sehr kunstvolle, originelle und individuelle Parodien an, die trotz ihrer engen Bezugnahme zum Originalwerk völlig eigenständige, schutzwürdige und unabhängige Werke im Sinne des Urheberrechts darstellen.

Diese Möglichkeit der Erfassung der sich wandelnden Erscheinungsformen der Parodie ist denn auch von einigen Urheberrechtlern erkannt

---

[21] *Algardi*, S. 407.
[22] 131 F. Supp. 183.
[23] 137 F. Supp. 354.
[24] *Kohler*, Kunstwerk, S. 112; *Elster*, S. 90; *Sonstant*, Code, S. 482.
[25] *Kohler*, S. 112; *de Boor*, S. 103.
[26] Giur. it. 1909, II Col. 2.
[27] *Constant*, S. 182; Tribunal de Commerce de Paris, DdA 1935, S. 81.
[28] 329 F 2 d. 545 (2d Cir. 1964).

worden. Ihr Vorschlag zur Lösung dieses Problems beinhaltet eine individuelle Überprüfung des einzelnen, zur Diskussion stehenden parodistischen Werkes anhand gewisser Kriterien, wodurch es möglich sei, die Parodie urheberrechtlich zu qualifizieren. Nachstehend soll kurz auf diese Kriterien eingegangen werden.

C. Kriterien für die rechtliche Würdigung der Parodie

Folgende Kriterien wurden von der Rechtsprechung und Rechtslehre der fünf behandelten Staaten vorgeschlagen:

- Der Grad der Abhängigkeit der Parodie vom Originalwerk[30]
- Die Eigenart der Parodie[31]
- Das Maß der geistigen Leistung der Parodie[32]
- Die Quantität der übernommenen Teile[33]
- Absicht und Motivation des Parodisten[34]
- Zweck und Ziel der Parodie[35]
- Wirtschaftlicher Wettbewerb und Konkurrenz der Parodie zum Originalwerk[36]
- Selbständigkeit, Individualität und Originalität[37]
- Verwechlungsmöglichkeit mit dem Originalwerk[38]
- Bedeutung der übernommenen Teile im parodistischen Werk[39]
- Wirkung der Parodie auf den Durchschnittsbürger[40]

Würde man ein parodistisches Werk anhand all dieser aufgeführten Kriterien mit den entsprechenden Wertungen der einzelnen Urheberrechtler überprüfen, so käme man zum Ergebnis, daß eine Parodie als selbständiges individuelles und unabhängiges Werk qualifiziert werden kann,

... sofern die Parodie hinsichtlich ihrer eigenen schöpferischen Leistung vom Originalwerk unabhängig ist.

... sofern die Parodie eine eigene Originalität besitzt.

... sofern die Parodie ein gehöriges Maß an eigener geistigen Leistung aufweisen kann.

---

[30] *Ulmer*, S. 224.
[31] *Ulmer*, S. 224; 131 F. Supp. 175.
[32] *Ulmer*, S. 224; *Stolfi*, Il Diritto, S. 587.
[33] 131 F. Supp. 175.
[34] *Elster*, S. 193; *de Sanctis*, Parodies, S. 256; *Hadl*, Parody, S. 326; *Desbois*, 289.
[35] Landgericht Berlin in UFITA Bd. 71 (1974) S. 251/252, GRUR 1974, 232; *de Sanctis*, S. 256; *Hadl*, S. 325; Obergericht Zürich, SJZ 45, S. 204.
[36] Tribunal de Commerce de Paris, DdA 1935, S. 81.
[37] *Kohler*, Kunstwerk, S. 112; *Arienzo*, Parodia, S. 448.
[38] *Elster*, S. 193; *Sanctis*, S. 256; Trib. de Grande Instance de Paris, Dalloz Sirey, S. 679.
[39] *Samson*, S. 102; Amtsgericht Rom, Il Diritto, S. 534.
[40] UFITA Bd. 62 (1971) S. 267/268 = *Schulze, Rechtsprechung, BGHZ 182, S. 5/6.*

... sofern die Quantität der übernommenen Teile gering ist.
... sofern die Parodie einer lauteren und ehrlichen Absicht des Parodisten entspringt.
... sofern als Zweck und Ziel der Parodie eine Stellungnahme oder Kritik deutlich erkennbar sind.
... sofern die Parodie keinerlei wirtschaftliche Konkurrenz zum Originalwerk darstellt.
... sofern die Parodie keinen Anlaß zur Verwechslung mit dem Originalwerk gibt.
... sofern die übernommenen Teile lediglich als Anknüpfungspunkt und Verbindung zum Originalwerk dienen.
... sofern der Durchschnittsbürger eindeutig merkt, daß es sich um eine Parodie handelt und nicht um das Originalwerk.

Auf den ersten Blick scheinen diese aufgeführten und von verschiedenen Gerichten auch bereits angewandten Kriterien sehr brauchbar zu sein, doch liegt die Vermutung nahe, daß man bei der Anwendung einzelner Punkte wieder auf dieselben Grundfragen stößt, die sich auf das Wesen, die Erscheinungsformen, Bedeutung und Technik der Parodie beziehen. Zudem besteht bei einigen der oben aufgeführten Kriterien die Gefahr, daß man die betreffende Parodie nach ihrem künstlerischen, individuellen und originellen Gehalt bewerten muß. Diese an Kulturpolitik grenzende Gewichtung von Kunstwerken sollte im Urheberrecht vermieden werden.

Es ist gefährlich, Voraussetzungen aufzustellen, welche erfüllt sein müssen, damit ein bestimmter Sachverhalt als erlaubt und zulässig beurteilt werden kann, wenn dieser Sachverhalt und sein Bezug zu den sozialen Gegebenheiten und Bedürfnissen nur äußerst oberflächlich oder gar nicht untersucht und erfaßt wird.

Im folgenden zweiten Teil soll nun versucht werden, dem Phänomen Parodie etwas näher zu kommen, seine Erscheinungsformen, Arten und Kriterien zu erläutern.

II. Teil: Die Parodie als ästhetisches Phänomen

Wie uns der Erste Teil der Arbeit gezeigt hat, erscheint das Kunstphänomen, welches sowohl in der Umgangs- wie auch in der Bildungssprache als Parodie bezeichnet wird, in einer Vielzahl verschiedener Formen und Arten. Diese unterscheiden sich u. a. im parodierten Gegenstand, im Grad der Abhängigkeit von der Vorlage, in der Absicht und Motivation des Parodisten, in den von diesem angewandten Techniken und Methoden, in der erzielten Wirkung etc.
Indirekt zeigt sich diese Mannigfaltigkeit der Erscheinungsformen auch in den unterschiedlichen Bedeutungen und Bewertungen, welche dem Wort „Parodie“ zugesprochen worden sind und heute noch zugelegt werden: der Begriff „Parodie“ ist in hohem Maße kontextabhängig, das meint: erst in einem Kontext und durch den Kontext wird die jeweilige Bedeutung des Terminus „Parodie“ klar. So wird der Altphilologe den Begriff in anderem Sinne verwenden, wenn er von der klassischen griechischen Parodie spricht, als der Latinist, der den Parodiebegriff Quintilians erläutert. Und der Musikologe benutzt den Terminus in anderem Sinne als der Unterhaltungsmusiker, wenn er seinen Zuhörern das Bach'sche Parodieverfahren erklärt. In der neueren Literatur weicht der Parodiebegriff Thomas Manns von demjenigen Friedrich Dürrenmatts oder Peter Rühmkorfs in nicht übersehbarer Weise ab.
Es wäre deshalb nicht zu entschuldigen, würden die urheberrechtlichen Überlegungen, welche im dritten Teil dieser Arbeit angestellt werden, auf einer willkürlich herausgegriffenen, unreflektierten Begriffsbedeutung und -bestimmung des Terminus „Parodie“ basieren. Wir versuchen aus diesem Grunde zunächst, den Bedeutungsfächer des Wortes „Parodie“ zu erfassen, indem wir uns vorerst kurz mit den verschiedenen Erscheinungsformen der Parodie im Laufe der Zeit abgeben. Darauf setzen wir uns das Ziel, die verschiedenen Bestimmungsmerkmale der Parodie herauszuschälen und sie näher zu betrachten. Diese Untersuchungen geben uns schließlich die Möglichkeit, die Natur der Parodie in ihren unzähligen Erscheinungsformen zu erfassen und die Verwendungsformen und Bedeutungen der benachbarten und angrenzenden Phänomene wie Travestie, Kontrafaktur, Pastiche, Satire etc. in den Begriff zu bekommen. Wir werden aber auch imstande sein, einen Bestimmungskatalog der Parodie aufzustellen, der ganz auf die urheberrechtlichen Fragen und Belange ausgerichtet werden kann; das will heißen: für die urheberrechtlichen Überlegungen und Untersuchungen des dritten Teils wird uns ein Parodiebegriff zur Verfügung stehen, der uns dem Ziel dieser Arbeit um einiges näher bringt, nämlich der Beantwortung der Frage, welche Arten von Pa-

rodien urheberrechtliche Probleme stellen und welche dieser Kunstformen als selbständige, schutzwürdige und von der Zustimmung des Originalwerk-Urhebers unabhängige Werke qualifiziert werden können.

7. Kapitel: Erscheinungsformen und Begriffsbestimmung der Parodie

A. Die Entstehung des Parodiebegriffes

Beim Versuch, durch Studium der Herkunft und Geschichte des Wortes „Parodie" Aufschluß über seine ursprüngliche Bedeutung zu erhalten, stellt man nach kurzen Nachforschungen fest, daß der Sachverhalt, den wir heute allgemein mit Parodie bezeichnen, wesentlich älter ist als das Wort. Der Ausdruck „Parodie" hat seinen Ursprung in der griechischen Sprache und taucht dort erstmals gegen Ende des fünften Jahrhunderts v. Chr. auf. Dieser neue Begriff wird aber zunächst noch nicht für die Bezeichnung des in Griechenland zwar altbekannten Verfahrens verwendet, irgend einen Gegenstand mittels Übertreibung etc. zu verspotten oder zu kritisieren. Das Wort παρῳδία setzt sich aus zwei Teilen zusammen: παρα und ῳδή. Die Präposition παρα bedeutet einerseits etwas Paralleles, Gleichartiges, anderseits eine Gegensätzlichkeit[1]. Der zweite Teil des Kompositums ῳδη bezeichnet Gesang, singbares, lyrisches Gedicht. In den Konversationslexika, den Ästhetiken und Poetiken wird die Parodie denn auch mit Neben- oder Gegengesang übersetzt[2].
Die Griechen benannten, wie erwähnt, mit dem neuen Wort παρῳδία nun ursprünglich keineswegs solche Erscheinungen, welche das spätere Altertum und wir heute als „Parodien" bezeichnen (obwohl diese den Griechen selber schon lange bekannt waren, denken wir z. B. an die berühmte Homer-Parodie „Batrachomyomachie" [Froschmäusekrieg][3], an den gefeierten Parodisten Margites und andere mehr). „Aristoteles und der Gewährsmann des Athenaios, der Pontiker Chamaileon, müssen eine ganz bestimmte, sich von komischer Nachahmung, wie sie schon jahrhunder-

---

[1] Vgl. Hermann *Kleinknecht*, Die Gebetsparodie in der Antike, Stuttgart/Berlin 1937, S. 12; Erwin *Rotermund*, Die Parodie in der modernen deutschen Lyrik, München 1963, S. 10; F. H. *Rau*, De praepositionis παρα usu, Curtius Studien, II, 2, 1870.
[2] *Kleinknecht*, S. 12; *Rotermund*, Die Parodie, S. 10.
[3] Autor unbekannt.

telang vor ihnen gepflegt worden war, deutlich unterscheidende Kunstübung im Auge gehabt haben, um sich so ausdrücken zu können."[4]
Nach *Hermann Koller* bezeichnete man im zu Ende gehenden fünften Jahrhundert in der griechischen Theorie mit παρῳδία eine „Eigentümlichkeit formaler Gestaltung", eine „Änderung in der Aufführungspraxis und nicht im Inhaltlichen"[5]. Und zwar entstand seiner Meinung nach der Ausdruck, als der bekannte Homer-Rezitator *Hegemon* bei seinen Darbietungen ganz neue Wirkungen erstrebt und erzielt habe, „indem er von der üblichen Rezitation dazu überging, die Verse ganz gewöhnlich und wie der Schauspieler im Dialog zu sprechen".[6] *Hegemon* rezitierte entgegen (παρα) der gebräuchlichen Versmelodie, d. h. er begann als erster, den gegebenen Melos des Verses auf der Khitara mit einem neuen Rhythmus zu begleiten. Bis anhin beschränkte sich der Rezitator darauf, als musikalische Begleitung mit der Khitara rhythmisch dieselben Töne zu erzeugen, wie sie die Versmelodik und -struktur selber führten. Durch diese neue Art der Versrezitation begann die Auflösung der alten griechischen Musiké, in welcher das Wort die Melodie strukturierte und akzentuierte. Die Melodie löste sich vom gegebenen Melos des Verses, zugleich trennte sich das Wort von der Melodie.
Koller bezeichnet diese „Lösung der melodischen Komponente vom ursprünglichen Substrat, dem griechischen Wort", als den bedeutsamsten Vorgang der spätklassischen Sprache und Literatur: „Erst jetzt konstituiert sich eine eigentliche Literatur und eine von ihr unabhängige Musik, während es früher nur eine μουσίκη gegeben hatte, die Kunst der Musen, welche Logos, Rhythmus und Harmonie in sich umfaßte."[7]
Mit der Zeit, als die Ablösung des Wort- vom Musikteil im Lied erreicht war, wurde die neue Art der Versrezitation bald als das Übliche und Normale angesehen. Der „Terminus technicus" παρῳδία wandelte sich, wurde nun auch in der Umgangssprache verwendet, nutzte sich jedoch mit der Zeit immer mehr ab und stand in der Folge für die Bezeichnung einer spezifischeren Kunstform zur Verfügung: in der Spätzeit der griechischen Klassik wurde mit Parodie mehrheitlich die übertreibende, spottende Imitation eines Kunstwerkes bezeichnet. Diese Einschränkung des Begriffes auf *spottende Nachahmungen* läßt sich dadurch erklären, daß die Rezitatoren bei ihren Vorträgen die Urheber der Dichtungen oft und gerne verspotteten oder deren Stil durch besondere Betonung oder musikalische Untermalung übertreibend nachahmten. Die neue Bedeutung des Wortes παρῳδία verdrängte allerdings die alte nicht völlig. In der Musik-

---

[4] Hermann *Koller*, Die Parodie, in: GLOTTA, Zeitschr. für griech. und lat. Sprache, XXXV. Band, 1956, S. 17.
[5] *Koller*, Die Parodie, S. 18.
[6] *Koller*, Die Parodie, S. 18.
[7] *Koller*, S. 32.

wissenschaft wird der Begriff heute noch im ursprünglichen Sinne verwendet (vgl. Kap. 7), d. h. das Element der Komik bleibt weitgehend ausgeschlossen.

B. Die Parodie in der Antike

In der antiken griechischen Literatur fehlen ausführliche Definitionen oder Erläuterungen über den Begriff „Parodie", „... vielmehr hat die antike Wissenschaft den Begriff nur ab und zu im Vorbeigehen gestreift oder als allgemein bekannt ohne Hinzufügung einer Erklärung gebraucht."[8] Es ist deshalb heute sehr schwierig festzustellen, welche Voraussetzungen nach Ansicht der Griechen gegeben sein mußten, damit von einer Parodie gesprochen werden konnte. Auch ist nicht klar, wie groß sich der Bereich der parodierten Objekte ausnahm. *Rotermund* ist der Meinung, daß man in der Antike den Begriff *παρῳδία* nur auf ein literarisches Werk bezogen habe, der metaphorische Sprachgebrauch, der auch die karikaturistische Nachahmung von Handlungen und Sitten als Parodie bezeichne, sei erst in neuerer Zeit zu finden.
Hermann Kleinknecht dagegen ist der Auffassung, daß in der Antike zu allen Zeiten ungemein viel mehr parodiert worden ist, als wir heute annehmen und als uns überliefert ist: „Es gibt Parodien von Orakeln, Opfern, Fabeln, Gesetzen, Volksbeschlüssen, Verträgen, politischen Institutionen, Worten berühmter Männer, Sprichwörtern, Mysterien, der Mythologie, philosophischer Lehren, literarischer Vorbilder, des epischen und tragischen Stils, um nur einiges kurz zu nennen."[9]
Was die Griechen über die Absicht und Motivation des Parodisten dachten, ist uns heute ebenfalls kaum bekannt. *Kleinknecht* vermutet, daß schon in der Antike zwischen „rein komischer und kritisch-spöttischer Parodie" unterschieden wurde[10].
Aristoxenus bemerkt bei seinen Betrachtungen über den lyrischen Parodisten Oinopas, daß das Ziel der parodistischen Nachahmung im Erregen von Lachen bestehe[11]. Diogenes Laertes und auch Eustathius sehen in der Parodie ein Mittel des Spottes[12].
Bei den *Römern* war die Kunstform der Parodie ebenso beliebt und bekannt wie bei den Griechen. Lucianus, der die Tradition der Homer-Parodien fortsetzte, Lucilius, Persius und Petronius waren neben vielen ande-

---

[8] E. *Rotermund*, Die Parodie, S. 10.
[9] *Kleinknecht*, S. 4, Anm. 1.
[10] *Kleinknecht*, S. 13ff.
[11] Athenäus 14 p 638b, zit. bei *Rotermund*, Die Parodie, S. 10.
[12] Zit. bei F. *Householder*, Parodia, Classical Philology 39, 1944, S. 3.

ren berühmte und erfolgreiche Parodisten und Satiriker[13]. Damals liebten es die Römer, ihre Freunde und Bekannten in den Testamenten zu verspotten und lächerlich darzustellen. Diese Art der humorvollen Auseinandersetzung mit der Umwelt gab den Parodisten großen Auftrieb[14].

Mit dem Wesen der Parodie und mit der Begriffsbestimmung befaßte sich in der römischen Literatur lediglich Quintilianus, der berühmte Lehrer der Beredsamkeit, in seinem Werk „De institutione oratoria". Seine Begriffsbestimmung ist der Etymologie des Wortes ‚Parodie' nahe verwandt: „παρῳδία, quod nomen ductum a canticis ad aliorum similitudinem modulatis abusive etiam in versificationis ac sermonum imitatione servatur."[15] Entsprechend dieser Definition gibt Quintilianus eine Unterscheidung einzelner Arten von Parodien, je nach Art ihres Zustandekommens und nach Maß der Übernahme von Originalversen[16].

Nach *Jean-Pierre Cèbe* unterschieden auch die Römer zwei Arten von Parodien: „Elles sont soit satiriques, soit simplement plaisantes." Im übrigen ist *Cèbe* der Ansicht, daß sich der Parodiebegriff der Römer von unserem nicht unterscheide. „D'ailleurs nos analyses prouveront que les parodies romaines, et dans leur principe et dans leur objet ne différaient pas des nôtres."[17]

Wir fassen zusammen: Das Wort „Parodie" stammt aus der griechischen Sprache und bezeichnete ursprünglich ein formales Stilmittel der altgriechischen Rezitationsart. Die Erscheinungen, welche wir heute mit Parodie bezeichnen, waren den Griechen lange vor der Entstehung des Begriffes „Parodie" bekannt[18], doch erst im dritten Jahrhundert v. Chr. wurde der Ausdruck παρῳδία für verspottende, nachahmende und komische Auseinandersetzungen verwendet. Erst waren es zwar lediglich humorvolle Homer-Imitationen und -nachahmungen, die den Ausdruck „Parodie" erhielten. Doch als auch die Werke anderer Künstler verspottet wurden, vergrößerte sich der Anwendungsbereich des Begriffes.

Die Römer übernahmen den griechischen Ausdruck und verwendeten ihn in derselben Weise.

In der Antike wurde unter Parodie ein literarisches Werk verstanden, welches irgendein anderes, als bekannt vorausgesetztes, literarisches oder einer anderen Kunstgattung angehörendes Werk (und vermutlich auch

[13] Vgl. Jean-Pierre *Cèbe*, La Caricature et la Parodie dans le Monde Romain antique des Origines à Juvénal, Paris 1966.

[14] Jean-Pierre *Cèbe*, S. 11.

[15] Inst or 9,2,35.

[16] Inst or 6,3,96ff.

[17] *Cèbe*, S. 11.

[18] „Parody seems not to have appealed to the ancient Hebrews or the early Christians; at least there is no trace of it in either the Old or the New Testament. The Egyptians were also immune." Dwight *Macdonald*, Parodies, an Anthology from Chaucer to Beerbohm – and After, London 1960, S. 562.

Anschauungen, Sitten, Gebräuche, Personen etc.) humorvoll verspottend im ganzen oder im einzelnen nachahmte.

C. Die Parodie im Mittelalter

Die sprachliche, literarische Nachahmung im Mittelalter ist außergewöhnlich weit verbreitet. Vor allem aus der lateinischen Literatur klingen uns „oft bis zum Überdruß Gedanken, Verse und Sätze, Phrasen, Worte und Wörter der Antike, der Bibel, der Kirchenväter, okzidentaler und orientalischer Schriftstücke verschiedener Zeiten und Gattungen entgegen".[19]
Der Minnesang, die Bibel und Liturgie sind die bevorzugten Themen, welche im Mittelalter parodiert, karikiert und profaniert werden.
Vaganten und der niedere Klerus verbreiten die „geistlichen Parodien", zumeist in lateinischer Sprache. Mit Vorliebe werden auch Messen und einzelne kirchliche Handlungen und Zeremonien verspottend nachgeahmt: so z. B. Weihnachtsfest, Abendmahl und Hochzeitsfeier.
In Frankreich sind besonders die sog. Eselsmessen bekannt, in welchen man sich über das Meßopfer lustig macht („statt Segen dreimal I-A"[20]).
Auch werden Gebeten und Bibeltexten weltliche Lieder untergeschoben, wobei parodistische Wirkungen hervorgerufen werden: „Das Magnificat wird nach der Melodie bekannter possenhafter Gassenhauer angestimmt."[21]
Bibel- und Messeparodien in deutscher Sprache trifft man erst im späteren Mittelalter an. Fahrende Handwerker, Landsknechte, Sänger und andere Vaganten lieben es, auf den Jahrmärkten oder in Wirtshäusern Texte aus den Evangelien oder Gebetsverse mit derb erotischen und zum Teil zotigen Elementen durchsetzt zu rezitieren. Sie wandeln die Mariengrüße zu „Weingrüße um, welche dem Trunke als eine Art Segen zu folgen pflegten" („Nun grüß dich Gott, mein Rebensaft!")[22].
Im ausgehenden Mittelalter, zur Zeit der Reformation, dient die Kunstform der Parodie sowohl dem reformatorischen Lager wie auch dessen Gegnern als bewährtes Kampfmittel und schlagkräftige Waffe: „Erhalt' uns Herr bei deinem Wort und steur' der Calvinisten Mord . . ."[23]. Ein weiteres Beispiel bilden die den fürstlichen Dekreten nachgebildeten Teufelsbriefe an die päpstliche Kurie.
Diese Arten von Parodien zeichnen sich durch scharfe Polemik und rück-

---

[19] Paul *Lehmann*, Die Parodie im Mittelalter, 2. Aufl., Stuttgart 1963, S. 1.
[20] Hans *Grellmann*, Parodie, in: Reallexikon der deutschen Literaturgeschichte, Band II, 1926/28, S. 635.
[21] *Grellmann*, a.a.O.
[22] *Grellmann*, S. 636.
[23] *Grellmann*, a.a.O.

sichtslose Kritik aus. Das spielerische, rein komische Element der Parodie tritt zu dieser Zeit stark zurück[24].

Der Minnesang, das zweite große Objekt der mittelalterlichen Parodisten und Spassmacher, wird sowohl in lateinischer wie auch in deutscher Sprache aufs Korn genommen. Dabei nimmt sich die untere soziale Schicht besonders eifrig der Auswüchse des Hoflebens an und verspottet die formalen Eigenheiten des Minnelyrikstils. Höfische Redewendungen, der Fremdwörterkult und die deutsch-lateinische Wortmengerei, das „Dintendeutsche", werden spöttisch nachgeahmt und ins Lächerliche gezogen[25]. Aber auch mit inhaltlichen Motiven der Minnenpoesie, der Ritterdichtungen und Heldensagen, setzt man sich derb-witzig auseinander. Mit dem Aufkommen des Bürgertums werden höfischen Epen triviale, bäuerliche Szenen unterlegt. „Diese Methode tritt bei dem in der zweiten Hälfte des 13. Jahrhunderts dichtenden Schweizer Steinmar von Klingenau besonders eindrucksvoll hervor, wenn er das höfische Tagelied ganz in den dörflichen Bereich transponiert: anstelle von Ritter und geliebter frouwe erscheinen Knecht und Magd, aus dem schmerzlichen Abschied nach der heimlichen Liebesnacht wird eine derbsinnliche Szene im morgendlichen Heuschober."[26]

Nicht nur die höfische Kunst, auch das gesamte „stilvolle höfische Leben" wird karikiert: Ritterturniere werden zu Bauernturnieren umgewandelt, höfische Tischsitten und Anstandsregeln ändern sich in derbe Bauernregeln um, etc.[27].

Daneben müssen auch allgemeine, nicht nur das höfische Leben charakterisierende Erscheinungen als Zielscheiben des Spottes herhalten: Wetterregeln, Prophezeiungen, Kalendersprüche etc. werden auf witzige und drollige Art ins Triviale umgewandelt: „Das abgemäyt grass und die eingeschnitten frucht würdt nicht mehr wachsen", „den besten Most wird der gemein Mann am liebsten trinken" und anderes mehr[28].

Aus diesem Überblick über die deutschen und lateinischen Parodien des Mittelalters zeigt sich deutlich die besondere Stellung der Parodie und ihre Beliebtheit bei Jung und Alt, Reich und Arm, bei katholischen Gruppen wie auch in reformatorischen Kreisen[29]. Dabei werden literarische

---

[24] Vgl. Hans *Walther*, Das Streitgedicht in der lat. Literatur des Mittelalters, Berlin 1920, S. 123ff.

[25] „Venite ihr unholdibus, bringt Prügel her uns stultibus, die semper mit uns spendibus, sub capite et lendibus." Hans Sachs, Unholderbannen zit. in: Lutz *Röhrich*, Gebärde-Metapher-Parodie, Düsseldorf 1967, S. 125.

[26] Erwin *Rotermund*, Gegengesänge, München 1964, S. 15.

[27] Grobianus Tischzucht, 1538; Hans *Sachs*, Die verkehrte Tischzucht Grobiani, 1563.

[28] Johann *Fischart*, Aller Praktik Großmutter, 1572; zit. in: H. *Grellmann*, S. 637.

[29] In England erweist sich die Parodie des Mittelalters als sehr unbedeutend. Geoffrey Chaucer's „Sir Thopas", wird als die erste und für längere Zeit letzte Parodie

Vorlagen, kirchliche Rituale, Erscheinungen und Gegebenheiten des sozialen Lebens und allgemeine menschliche Schwächen parodiert und kritisiert.

Wie im Mittelalter der Begriff der Parodie gehandhabt wurde, ist heute noch nicht restlos geklärt. Theoretische Erläuterungen mittelalterlicher Dichter und Gelehrter, welche die Bedeutung und Verwendungsweise des Parodiebegriffs erhellen könnten, fehlen. Man nimmt an, daß das Wort „Parodie" ganz selten gebraucht wurde. Das parodistische Verfahren und die daraus entstehenden Produkte sind deshalb anhand des mittelalterlichen Parodiebegriffes schlecht zu charakterisieren. Nach *Wido Hempel* wurde das griechische Fremdwort *παρῳδία* erst gegen Ende des 16. Jahrhunderts den literaturtheoretischen Terminologien der europäischen Sprachen einverleibt[30]. Ausschlaggebend für diese Entwicklung war nach Ansicht Hempels das „Prestige einer der meist verbreiteten, lateinisch abgefaßten Poetiken der Renaissance, in welcher der Begriff des Parodie erörtert wird", nämlich die „Poetices libri septem" des aus Padua gebürtigen Wahlfranzosen *Julius Caesar Scaliger*[31]. In diesem Werk sieht Scaliger die Parodie als aus dem Epos entstanden, nämlich als dessen komische Verzerrung: „Est igitur Parodia Rhapsodia inversa mutatis vocibus ad ridicula sensum retrahens."[32]

Paul Lehmann erblickt in der formalen Nachahmung und der Absicht des komischen Effektes die wichtigsten Merkmale und Bestimmungskriterien der mittelalterlichen Parodie[33]. Umdichtungen und Umsetzungen weltlicher Texte, Lieder etc. in entsprechende geistliche Werke, d. h. die Verfahren, religiöse Inhalte bereits bekannten Liedern, Versen und anderen Kunstformen zu unterlegen, wie es im Mittelalter des öfteren geschah, bezeichnet Lehmann nicht als Parodien, da ihnen das Element der Komik fehle[34].

Die Entscheidung, ob in einer Parodie die Entlehnungen vom Parodisten mit beabsichtigter komischer Wirkung in sein Werk gebracht worden sind oder ob sie mehr zufällig diesen Effekt erzielen, erweist sich oft als sehr schwierig, „da uns manches komisch anmutet, was das Mittelalter ernst

---

im englischen Sprachbereich angesehen: „Although Chaucer is the father of English litterature, there was a long break in the succession, the break between the Middle Ages and the Renaissance . . . His wit is urbane, his mastery of form effortless, and he is even able to see himself humorously, a ‚late' characteristic." *MacDonald*, S. 562.

[30] Wido *Hempel*, Parodie, Travestie und Pastiche, Germanisch-Romanische Monatsschrift, NF, Bd. 15, 1965, S. 154.

[31] *Hempel*, a.a.O.; Julius Caesar *Scaliger*, Poetices libri septem, editio prima 1561.

[32] *Scaliger*, S. 113; zit. in: *Hempel*, S. 154.

[33] *Lehmann*, S. 3.

[34] *Lehmann*, S. 2.

gemeint hat, umgekehrt der mittelalterliche Witz nicht immer leicht verständlich ist".[35]

Das Merkmal der kritischen Verspottung des parodierten Objektes spielt nach Lehmann für das Vorliegen einer mittelalterlichen Parodie keine Rolle: „Der mittelalterliche Mensch konnte etwas profanieren und sich damit amüsieren, ohne es zu persiflieren. Die Parodisten spielen mehr leichtfertig als schändlich mit Hohem und Heiligem. Wo sie Hohn anwenden ... gilt es in der Regel nicht dem Literaturwerk, sondern dem Menschen, der Sache, auf die sie die fremde Form angewandt, umgeprägt haben."[36]

Zum Bestimmungsmerkmal der Absicht, welche den mittelalterlichen Parodisten zur Schaffung einer Parodie verleitet hat, ist folgendes zu sagen: der Gründe für das Parodieren im Mittelalter scheinen vor allem deren zwei gewesen zu sein. Vorwiegend in früherer Zeit parodierte und imitierte man Vieles aus reiner Spielfreude. Es bereitete großes Vergnügen, feststehende, starre Formen, eingelebte soziale und religiöse Institutionen und die sich daraus ergebenden künstlerischen Produkte aus entgegengesetzter Richtung zu betrachten. Man wollte die bekannte Welt auf den Kopf stellen, mit ihren Elementen spielerisch jonglieren, rein um des Spasses und der Komik willen.

Andererseits spürte man die kritisierende, polemisierende und profanierende Kraft der Parodie, und manch' Unzufriedener wehrte sich mittels dieser praktischen Waffe gegen veraltete oder moderne Anschauungen (Reformation!), Strömungen und andere „störende Gegebenheiten". *Rotermund* spricht in diesem Zusammenhang auch vom spezifischen Beweggrund der „Befreiung vom übermächtigen Zwang des Erhabenen"[37].

Paul Lehmann unterscheidet entsprechend diesen zwei erläuterten Motivationen zwei Arten mittelalterlicher Parodien: 1. die „heitere, erheiternde unterhaltende Parodie", die sich vorwiegend über menschliche Schwächen und Lebensformen wie das Liebesleben, das Zechen und Schlemmen lustig macht[38]; 2. die „kritisierende, streitende und triumphierende Parodie", welche sich gegen kirchliche und weltliche Obrigkeiten, gegen politische Ereignisse und Zustände der mittelalterlichen Welt richtet[39].

Wir fassen zusammen: es ist nicht ganz klar, welche Bedeutung dem Begriff „Parodie" im Mittelalter zugewiesen wurde. Heutige Untersuchungen lassen erkennen, daß zwei Elemente – die formale Nachahmung irgendeines Gegenstandes und die vom Parodisten beabsichtigte Komik – auf jeden Fall vorhanden sein mußten, damit im Mittelalter von einer Pa-

---

[35] *Lehmann*, S. 4.
[36] *Lehmann*, S. 2.
[37] *Rotermund*, Gegengesänge, S. 17.
[38] *Lehmann*, S. 93ff.
[39] *Lehmann*, S. 25ff.

rodie gesprochen werden konnte. Die Kontrafaktur, die Umdichtung von weltlichen in geistlichen Werke, und das Flickgedicht, das sog. Cento, wurden im Mittelalter noch Parodien genannt, dürfen heute aber nicht mehr derart verallgemeinert werden: „Das Wort wird nichtssagend, wenn es all und jede Nachahmung besagen kann."[40]
Die Art des parodierten Objektes, die Beschaffenheit der Vorlage, nahm im Mittelalter auf die Bezeichnung als Parodie keinen Einfluß. Der Begriff wurde sehr weit aufgefaßt, jede komische Imitation irgendwelcher Gegebenheiten oder vom Menschen geschaffener Produkte wurden wahrscheinlich als Parodie bezeichnet. Detailliertere und differenziertere Merkmale, denen man in Begriffsbestimmungen des 20. Jahrhunderts begegnet, fehlen in den wenigen Definitionen der mittelalterlichen Parodie. Zu bemerken ist weiter, daß Begriffe wie Travestie, Pastiche, Kontrafaktur etc. dem Mittelalter unbekannt waren. Sie wurden erst im 17./18. Jahrhundert verwendet.

D. Die Parodie in der Neuzeit

I. Die Parodie in der Zeit zwischen 1600 und 1900

Das in der lateinischen Sprache des Mittelalters recht selten verwendete griechische Wort „Parodia" erlebt im 16. Jahrhundert durch das in der Epoche des Humanismus und der Renaissance wiedererwachte Interesse für griechische Literatur und Sprache einen deutlichen Aufschwung.
Doch erst im Laufe des 17. Jahrhunderts wird der Begriff auch im deutschen englischen, französischen und italienischen Sprachgebrauch heimisch, obwohl in allen diesen vier Sprachgebieten parodistische Erscheinungen schon längst bekannt sind. „Es wiederholt sich also das, was für die griechischen Verhältnisse festgestellt wurde: Nochmals ist die Sache um vieles älter als das Wort."[41]
Die Umgangssprachen dieser Zeit nahmen den „neu-alten" Begriff in ihren Wortschatz auf. Über dessen genaue Bedeutung macht man sich aber vorerst noch keine Gedanken.
Eine eigentliche Diskussion über Wesen, Funktion und ästhetischen Wert der Parodie entstand erst gegen Ende des 17. Jahrhunderts[42].
Man darf annehmen, daß vor Entstehen differenzierterer Definitionsversuche späterer Zeiten allgemein die Bezugnahme auf ein Objekt als über-

---

[40] *Lehmann*, S. 2.
[41] *Hempel*, S. 153.
[42] So fehlt z. B. im „Buch von der deutschen Poeterey" von Martin *Opitz* (1624) und im „Poetischen Trichter" von Georg Ph. *Harsdörffer* (1647) jeglicher Hinweis auf das Phänomen der Parodie.

einstimmendes Merkmal der Parodie gegolten haben dürfte. Das Element der Komik hingegen wurde nicht von jedermann als der Parodie wesensgemäßes Kennzeichen betrachtet: In der deutschen Musikterminologie wird seit 1573 der Begriff Parodie ganz allgemein im Sinne einer Umformung eines Tonsatzes als einer speziellen Form der musikalischen Bearbeitung benutzt[43]. Diese spezifisch musikwissenschaftliche Bedeutung, welche noch heute von den Musikologen dem Begriff Parodie impliziert wird, findet ihren Grund in der ursprünglichen Begriffsverwendung des klassischen Griechenlandes[44].

Erst im 19. Jahrhundert beginnt man allmählich, die schon längst bekannten musikalischen komisch-satirischen Nachahmungen ebenfalls Parodien zu nennen[45].

Aber auch im literarischen Bereich ist man sich anfänglich keineswegs einig, ob nur komisch-satirische Nachahmungen als Parodien bezeichnet werden dürfen. Als sich aber allmählich im Laufe der Zeit die Bezeichnungen „Kontrafaktur" und „geistliche Parodie" für ernste Umdichtungen und Nachahmungen durchsetzten, verwendet man den Begriff „Parodie" fortan fast ausschließlich für komische Imitationen.

Größere Beachtung schenkt man der Parodie, als sich ihre anfänglich rein banal-komische und unterhaltende Funktion in eine kritische umwandelt: In der Epoche des Barocks kann das Parodieren noch als „kunsthandwerkliche Spielerei" mit Wort- und Satzelementen bekannter literarischer Werke charakterisiert werden. In den beliebten Dichterkreisen versucht sich jedermann, am zeitgenössischen Kunstgut zu üben, indem Elemente und Teile der Vorlagen vertauscht und umgeordnet werden. Die in der Nachahmung erzeugte komische Wirkung, die Freude am Spiel und der Hauch der Esoterik bilden die Triebkräfte dieser parodierenden Gelegenheitsdichter des 17. Jahrhunderts[46].

Diese rein komisch-unterhaltende Parodieart steht übrigens Mitte des 18. Jahrhunderts nochmals in Blüte: In den Kreisen der Anakreontiker, ihrer Anhänger und Gegner wird sie gepflegt. Bekannte Oden von Horaz, Ovid, Vergil etc. werden nachgeahmt und scherzhaft umgedichtet. Doch sind es auch Gedichte der Anakreontiker selber, welche den Freunden und Gegnern als beliebte Spiel- und Übungsobjekte dienen[47].

---

[43] W. *Steinecke*, Das Parodierverfahren in der Musik, Diss. Kiel 1934; A. *Riemann*, Musiklexikon, 12. Aufl., Mainz 1967, S. 704.

[44] Vgl. S. 88 ff.

[45] Im Französischen nennt man diese spezielle Art der musikalischen Parodie „parodie spirituelle", im Englischen „Sacred Parody".

[46] Als Beispiel mag Georg *Grefflingers* Parodie seines eigenen Liedes „An eine trefflich schöne und Tugend begabte Jungfraw" dienen: „An eine sehr häßliche Jungfraw", in welcher in dem Originalwerk analogerweise ekelhafte Merkmale angehäuft werden.

[47] So dichteten z. B. Ludwig *Hölty* und J. YH. *Voss* Joh. G. Jacobis Pastorelle „Wenn

Im späteren Barockzeitalter wird diese „allerliebste, gedankenleere Tändelei"[48] von der stilkritischen Nachahmung verdrängt: Vorläufer der Aufklärungsepoche wenden sich gegen den sog. Schwulststil, der sich nach dem Dreißigjährigen Krieg in Deutschland ausbreitet. In dieser Zeit ist besonders „die Hypertrophie des hochbarocken Metaphorismus Objekt und, in karikierender Verwendung, Mittel einer Kritik, die in den Epigrammen des Frühaufklärers Christian Wernicke ihren Höhepunkt hat".[49] Wernicke verspottet in seinem 1701 veröffentlichten „Heldengedicht Hans Sachs" die „gestirnte balsamierte und vergüldte Redensart" des Operndichters Postel und seines Vorbildes Lohenstein. In dieser literarischen Fehde wird das Kampfmittel Parodie zum erstenmal eingesetzt, um Stil und Machart eines bestimmten literarischen Werkes zu kritisieren. Die parodistische Kunstform erhält dadurch wieder eine wichtige Funktion: diesmal sind es nicht politische oder religiöse Angriffsziele, welche den Parodisten ausgesetzt sind, sondern es wird die Manier, die Art und Weise, wie eine literarische Schöpfung zustandegekommen ist, untersucht und kritisiert. Der Parodist ahmt den Stil des betreffenden Künstlers überspitzt und verzerrend nach.
Diese Art der stilimitierenden Parodie, welche in Frankreich „Pastiche" genannt wird[50], wird jedoch bald von einer weit wichtigeren und umstritteneren Gruppe verdrängt: es sind dies die literatur-satirischen oder polemischen Parodien, welche bis in die Mitte des 19. Jahrhunderts viel von sich reden und schreiben machen. Der Bereich der Objekte und Gegenstände, welche mittels dieser Parodien in mehr oder minder scharfer Form angegriffen werden, hat sich erweitert. Waren es vorerst noch die parodierten Werke selber, deren Form, Inhalt, Aussage etc. verspottet wurden, so stellt man fest, daß von ca. 1740 an in Deutschland mit den unzähligen Parodien vorwiegend die literarischen Strömungen und ihre Vertreter bekämpft werden. »So überwindet in rascher Abfolge eine literarische Strömung die andere, und in den satirischen Denkmälern, die diesen Kämpfen gewidmet sind, spiegelt sich eine glühende, unserem Geschlechte fast unverständlich lebhafte Anteilnahme für solche Kunstfragen ab."[51] Eine der erbittertsten und langwierigsten literarischen Schlachten, welche jemals in deutschen Landen ausgefochten wurden, führen in den Jahren 1738–1756 *Gottsched* und seine Anhänger Schwabe, Stoppe, Schoenaich etc. gegen die Freunde der Klopstockschen Ideale, die Schweizer Bodmer und Breitinger. „Eine unendliche Tintenflut wurde in diesem gewaltigen

im leichten Hirtenkleide mein geliebtes Mädchen geht" um zur „Petrarchischen Bettlerode" „Wenn im leisen Hutfilzsöckchen meine braune Trutschel geht".

[48] Abraham G. *Kästner* in einem Brief an seinen Freund Ludwig Hofmann.

[49] *Rotermund*, Gegengesänge, S. 20.

[50] Pastiche = ital., ‚Pastete', Mischmasch.

[51] Hans *Landsberg*, Deutsche literarische Zeitgemälde, Parodien und Travestien, in: Zeitschrift für Bücherfreunde, 1902, Heft 9, S. 347.

Federkriege verspritzt."[52] Die Gruppe der Gottschedianer verwendet in diesem Kampf eher die epische und lyrische, während sich die Schweizer besonders mit der dramatischen Parodie hervortun.

Sind es vorerst noch gegen bestimmte Werke gerichtete Parodien, welche beide Parteien veröffentlichen[53], so verurteilen die immer polemischer werdenden Schriften im Laufe der Auseinandersetzung auch die Anschauungen und Meinungen der verschiedenen Literaten. „Die Polemik zwischen den Gottschedianern und den Schweizern ist eine Schlacht zopfiger Gelehrter, denen es vor allem darauf ankommt, ihre ästhetischen Prinzipien durchzusetzen."[54] Auf dem Höhepunkt des Kampfes werden die Grenzen zwischen Parodie und Pasquill (Schmähschrift) nicht mehr eingehalten. Der Kampf wird angriffiger und persönlicher. Die Autoren vieler parodistischer Dramen lassen die kritisierten Personen, von Schauspielern trefflich imitiert, in lächerlichen und oft beleidigenden Szenen auftreten. Man verspottet jemanden nicht mehr nur indirekt durch parodistische Anspielungen, sondern greift die betreffende Person, von einem Dritten karikierend dargestellt, direkt auf der Bühne an und gibt sie dem Publikum zum Gespötte preis. Die Schauspielerin Karoline Neuber schrieb ein derartiges parodistisches Vorspiel, „Der allerkostbarste Schatz", in welchem Gottsched „in den Sternenmantel der Nacht gekleidet, eine Sonne von Flittergold auf dem Kopfe, Fledermausflügel an den Schultern und eine Blendlaterne in der Hand" als „Tadler" auf der Bühne erschien. „Der 18. September 1741 sah einen Theaterskandal ersten Ranges."[55]

Zuvor hatte sich *Karoline Neuber* mit Gottsched überworfen, weil sie sein Drama „Der sterbende Cato" dadurch verspottete, indem sie – Gottscheds Forderung nach historischer Kostümtreue parodierend – „im 3. Akt zum Ergötzen der Zuschauer in altmodischer Tracht, die Füße mit fleischfarbener Leinwand überzogen, auftrat".[56]

Neben diesen polemischen, scharfen Angriffen auf die Person, findet man aber auch Parodien, welche sich mit dem Inhalt des Stückes, dem Sujet und der Handlung auseinandersetzen. Beliebt sind Persiflagen, welche dem Zuschauer oder Leser eine Art komischer Fortsetzung eines bestimmten Werkes darbieten. Ort, Atmosphäre und Personen sind mit dem Originalwerk völlig identisch, die Handlung jedoch ist neu, bezieht sich

---

[52] *Landsberg*, a.a.O.

[53] Als Beispiel möge *Bodmers* Parodie auf Daniel Stoppes Sammlung „Neue Fabeln oder moralische Gedichte" dienen: „Aufrichtigen Unterricht von den geheimsten Handgriffen in der Kunst Fabeln zu verfertigen. Dem Hr. Johann Wursten von Königsberg mitgeteilt von Hr. Daniel Stoppen aus Hirschberg in Schlesien und Mitglied der Deutschen Gesellschaft in Leipzig. Breslau, 1745."

[54] *Landsberg*, S. 350.

[55] *Landsberg*, S. 348.

[56] *Grellmann*, S. 639.

aber auf den Inhalt der Vorlage. Ein bekanntes Paradigma dieser Art stellt *Bodmers* Parodie auf Lessings „Emilia Galotti" dar: „Odoardo Galotti, Vater der Emilia. Ein Pendant zu Emilia. In einem Aufzuge und Epilogus zur Emilia Galotti. Von einem längst bekannten Verfasser. Augsburg 1778." Die Hauptpersonen des Dramas treten nach Emilias Tod noch einmal auf und erschöpfen sich in gegenseitigen Vorwürfen und Selbstanklagen, welche auf das Publikum recht spaßig und unterhaltend wirken.
Ein ähnliches, literarisch aber weitaus wertvolleres „parodistisches Fortsetzungsdrama" veröffentlicht 1862 *Friedrich Theodor Vischer*: „Faust, der Tragödie dritter Teil, gedichtet von Deutobold Sympolizetti Allegoriowitsch Mystifizinsky."
In dieser Persiflage werden nicht in erster Linie Goethes Machart oder inhaltliche Merkmale aufs Korn genommen. *Vischer* will mit seiner Parodie neben literarischen und politischen Anspielungen vor allem die „nußknackerisch-scholastischen Erklärer", die „Stoff- und Sinnhuber", d. h. die Kommentatoren und Kunstkritiker der damaligen Zeit, bloßstellen. Goethes Faust diente Vischer vor allem als Mittel zur Kitik der übermäßigen und allzu exaggerierten Theater-Kommentare. Er wollte Goethe als Person und Dichter nicht verunglimpfen und wehrte sich gegen diesen Vorwurf. Zudem hat er sich im Drama von Goethe selbst einen Freibrief geben lassen: Gegen Ende des „Faust III" erscheint Goethe und lacht über den ganzen Spaß und Ulk: „Der tolle Kerl, der diesen Spaß erdacht, der hat mich lieber als ihr andern alle."[57]
Diese Beispiele zeigen uns, daß im 18. und 19. Jahrhundert beinahe alles nur denkbar Mögliche parodiert, kritisiert und angegriffen werden konnte. Dabei wird klar, daß ein literarisches Werk oft lediglich als Mittel, als Träger benutzt wird, d. h. das in der Parodie angegriffene Objekt ist weder mit dem Autor der Vorlage, seinem Stil oder seiner Manier noch mit dem Inhalt oder der Form des Originalwerkes identisch. Dieser Erweiterung des Bereiches der zu parodierenden Objekte wird in den Definitionen und theoretischen Erläuterungen des 17. und 18. Jahrhunderts noch nicht Rechnung getragen, obwohl derartige Parodien verfaßt wurden. „Immer geht es um ein Werk der Dichtkunst als Vorlage ... von einer ‚Parodie' einer Handlung, einer Person, eines Standes ist nicht die Rede."[58]
Erst im 19. Jahrhundert tritt diese übertragene Bedeutung in den Vordergrund, d. h. es werden auch spöttische Bezugnahmen auf Vorbilder des außerliterarischen Bereiches als Parodien angesehen[59].

---

[57] In ähnlicher Art und Weise verspottete später Rudolf *Presber* mit seiner Parodie „Der Ehezwist im Hause Nolte, Kommentar zu Wilhelm Buschs ‚Frommer Helene'", die spitzfindige Kommentatorentätigkeit damaliger Zeit.
[58] *Rotermund*, Die Parodie, S. 14.
[59] Z. B. A. W. *Schlegel* in seinen „Vorlesungen über philosophische Kunstlehre": „Der Kontrast bewirkt vorzüglich das Komische, daher wurde das öffentliche Leben parodiert ..."; zit. in: *Rotermund*, Die Parodie, S. 14.

Ebenfalls erst im Verlaufe des 19. Jahrhunderts werden vereinzelt auch solche Imitationen und komische Nachahmungen als Parodien bezeichnet, welche dem musikalischen, bildnerischen und zeichnerischen Kunstbereich angehören. Doch auch hier ist zu bemerken, daß weit früher schon Musik-, Schauspieler- und Ballettparodien existierten.
Auch kam es vor, daß literarische Werke durch Parodien des außerliterarischen Bereiches verspottet wurden. Ein treffliches Beispiel ist *Goethes „Werther"*: Nach seinem Erscheinen bricht in ganz Deutschland ein ungeahntes „Werther-Fieber" aus, begleitet von einer mächtigen „Empfindsamkeits- und Gefühlswelle" und einer Unzahl Werther-Parodien. Neben der bekanntesten Parodie „Freuden des jungen Werthers"[60] von *Chr. F. Nicolai*, „von welcher Goethe sich in seinem Zorn über das ‚Berliner Hundezeug' zu einer Gegenparodie (Anekdote zu den Freuden des jungen Werther) sowie zu recht kräftigen Spottgedichten (Nicolai auf Werthers Grab) hinreißen ließ"[61], entstehen auch Werther-Gesänge in Knittelversen[62] und gezeichnete Parodien[63]. In Linz gibt man die Werther-Tragödie als Ballett und in Wien bewundert man ein Werther-Feuerwerk: „Freytags, den 22. Juny oder den 26. darauf, wenn es die Witterung zuläßt, werde ich die Ehre haben, mein zweytes grosses Feuerwerk abzubrennen unter dem Titel Werthers Zusammenkunft mit Lott'chen im Elysium."
Manchen erbosten Kritiker dieser Parodien mag Goethes spätere Bemerkung über seinen Werther beruhigt haben: „Gott möge mich behüten, daß ich nicht ja wieder in die Lage komme, einen zu schreiben und schreiben zu können . . ."[64]
Diese mannigfaltigen, facettenreichen Arten parodistischer Antworten auf „Werthers Leiden" und damit indirekt auf die Eigenart der Sturm- und Drangperiode erscheinen als ein typisches Beispiel für die Situation der deutschen Literatur in den Jahren des 18. und 19. Jahrhunderts. Der ausgeprägte Sinn für Individualismus der deutschen Literaten, die politische Uneinigkeit und das wache Interesse der breiten Massen für literarische, künstlerische Angelegenheiten und den damit zusammenhängenden sozialethischen Fragen waren für die Hochblüte der literarischen Parodie in Deutschland ausschlaggebend.

---

[60] Friedrich Chr. *Nicolai*, Freuden des jungen Werthers. Leiden und Freuden Werther des Mannes. Vorn und zuletzt ein Gespräch, Berlin 1775.
[61] *Grellmann*, S. 642.
[62] H. G. *von Breitschneider*, „Eine entsätzliche Mordgeschichte von dem jungen Werther, wie sich derselbe am 21. Dezember elendiglich ums Leben gebracht hat, allen jungen Leuten zur Warnung. Im Ton: Hört zu ihr lieben Christen usw.", 1776.
[63] Heinrich L. *Wagner*, Prometheus Deukalion und seine Recensenten, in dem die Hauptpersonen des Dramas neben Goethe selber und seinem Verleger durch holzgeschnittene Tierbilder ersetzt werden.
[64] Goethe in einem Brief an Frau von Stein vom 2. November 1779, zit. in: *Landsberg*, S. 353.

In Frankreich, welches etwa zur selben Zeit ebenfalls eine Hochblüte der literarischen Parodien erlebt, sind es zum größten Teil die jeweils unmittelbar entstandenen Theaterstücke, welche von den Parodisten aufs Korn genommen werden. „Man kennt aus dem 18. Jahrhundert ca. 700 dramatische Parodien, die in der überwiegenden Mehrheit auch aufgeführt worden sind."[65] Dabei soll es – wie uns der Schweizer Kulturphilosoph *Johann Georg Sulzer* berichtet – zu der erstaunlichen Erscheinung gekommen sein, daß sich der Zuschauerraum erst gegen Ende der Aufführung eines neuen Stückes allmählich füllte, da im Anschluß an das originale Werk eine Parodie von demselben vorgestellt wurde, „wobey der ganze Schauplatz äußerst lebhaft, und das Händeklatschen oft allgemein wurde".[66]

Nach Auffassung *Wido Hempels* liegen die Ursachen für die „außerordentliche Blüte des parodistischen Theaters" in Frankreich im 18. Jahrhundert nicht nur in literaturgeschichtlichen Belangen. Der eigentliche Grund bestehe in der Situation des damaligen Pariser Theaterwesens, „welche durch die erbitterte Feindschaft zwischen den von Staatsseiten protegierten Häusern, Comédie Française und Opéra, und den volkstümlichen Théâtres de la Foire, dem Nouveau Théâtre Italien und der Opéra Comique bestimmt war".[67]

Man versuchte einander das Publikum der Konkurrenztheater mittels komödiantischer und unterhaltender Parodien abzuwerben, – eine ähnliche Erscheinung, wie wir sie im ersten Teil dieser Arbeit in den USA angetroffen haben, wo sich die Fernseh- und Filmgesellschaften mittels Parodien das Wasser abgruben[68].

Nach *Hempel* läßt sich die Blütezeit der theatralischen Parodie im Frankreich des 18. Jahrhunderts zudem aus der besonderen Situation der Tragödie in der französischen Klassik erklären: „Der Zeitpunkt, zu dem eine erhabene Gattung einen ihrer historischen Höhepunkte erreicht und bereits überschritten hat, ist gemeinhin derjenige, welcher die Parodie auf den Plan ruft. Epigonentum ist die gefügige, Parodie die aufbegehrende Endphase eines gattungsgeschichtlichen Entwicklungsvollzugs."[69]

Ganz anders als in Deutschland und Frankreich sieht es im englischen Sprachgebiet während des 18. Jahrhunderts aus: Satiren und Burlesken gibt es in dieser Zeit viele, doch parodistische Werke fehlen. „Gullivers Reisen" und „Robinson Crusoe" enthalten wohl gewisse Stilimationen nach Art der bekannten Reiseerzählungen, sie stellen aber keine reinen Parodien dar.

---

[65] *Hempel*, S. 156.

[66] Joh. G. *Sulzer*, Allgemeine Theorie der schönen Künste, 1771–1774, zit. in: *Hempel*, S. 156.

[67] *Hempel*, S. 157.

[68] Vgl. Kap. 3, S. 35 ff.

[69] *Hempel*, S. 157.

MacDonald, Herausgeber einer englischen Parodie-Anthologie, erklärt die Gründe für das Ausbleiben der englischen Parodien folgendermaßen: „... neither of the two conditions were present which stimulate parody: an outworn but still powerfull tradition (Sir Thopas) or an avantgarde whose innovations are felt to be absurd (the many parodies in the next century, of Wordsworth, Browning, Whitman)."[70] Und weiter: „The century seems to have been too self-confident to feel the need for parody."[71] Im Victorianischen Zeitalter hingegen ändert sich die Situation: „Never before or since has there been such a popular appetite for the genre."[72] Für diesen gewaltigen Aufschwung parodistischen Schaffens in dieser Epoche macht *MacDonald* zwei Gründe verantwortlich: einerseits habe sich die Leser- und Zuhörerschaft durch den allgemeinen Aufschwung der Literatur gewaltig vermehrt, „on the other hand, the newcomers were still close enough to the old culture to take it as a natural part of life".[73] Diese zwei Tatsachen bewirkten eine sprühende Vielzahl von Burlesken und Parodien. „One senses a parvenu desire to cut literature down to size."[74]

Gegen Ende des 19. Jahrhunderts ändert sich die Situation der Parodie in allen hier erwähnten Ländern. Der Kampfeseifer, der einst die polemischen, angriffig- kritisierenden Parodien gegen literarische Strömungen, soziale und kulturelle Verhältnisse und Gegebenheiten, unerwünschte Personen und unbeliebte Persönlichkeiten entstehen ließ, ist geschwunden. An seine Stelle tritt die Freude am scherzhaften Nachahmen und Umdichten. Bezeichnend für die Ausbildung der parodistischen Technik und für das Zurücktreten der Polemik ist vor allem das Aufkommen zahlreicher Parodiezyklen. Es werden nicht mehr Persiflagen nach einzelnen, ganz bestimmten Vorlagen geschaffen, sondern voluminöse Sammlungen bieten der Leserschaft eine Fülle mehr oder minder spaßiger Nachahmungen und Stilimationen verschiedener Dichter und Schriftsteller an: *M. Drucker und A. Zander:* Blüten aus dem Treibhaus der Lyrik, 1855; *Z. Funck:* Das Buch deutscher Parodien und Travestien, 1840/41; *F. Mauthner:* Nach berühmten Mustern, 1878/80.[75]

In der zweiten Hälfte des 19. Jahrhunderts – die literarisch-satirische Parodie hat ihren Höhepunkt bereits überschritten – stellt man in den theore-

---

[70] *MacDonald*, S. 563, vgl. Anm. 18.

[71] *MacDonald*, S. 564.

[72] *MacDonald*, S. 565.

[73] *MacDonald*, S. 566.

[74] Zu den bekanntesten und besten Parodisten der Victorianischen Epoche darf man Lewis Carroll, C. S. Calverley, E. B. White, A. C. Hilton und James Kenneth Stephen zählen.

[75] Vereinzelt sind jedoch auch im zu Ende gehenden 19. Jahrh. polemische Parodien anzutreffen, wie etwa die Gerhard *Hauptmann* Parodie „Die Weber oder die eigentlichen Morituri", in welcher mit Wortwitz und vielen Anspielungen das politische und soziale Leben kritisiert wird.

tischen Erläuterungen und Definitionen der Ästhetiken und Poetiken eine differenziertere Durchdringung und Erfassung von Wesen und Funktion der parodistischen Form fest. Mehrfach begegnet nun auch der Begriff des „Erhabenen", welcher die parodierte Vorlage charakterisiere. Nach *Heinrich Schneegans* verfährt die Parodie so, daß sie „im allgemeinen den Ton und die Form des Kunst- oder Dichtwerks . . ., welches sie verspottet", beibehält, ihnen einen „trivialen Gegenstand" unterschiebt und damit das „Erhabene" lächerlich macht[76].
Der Technik des Parodisten glaubt man inzwischen ebenfalls auf die Spur gekommen zu sein. Nach Schopenhauer besteht das Verfahren der Parodie darin, „daß sie den Vorgängen und Worten eines ernsthaften Gedichtes oder Dramas unbedeutende niedrige Personen oder kleinliche Motive und Handlungen unterschiebt. Sie subsumiert also die von ihr dargestellten glatten Realitäten unter die im Thema gegebenen hohen Begriffe, unter welche sie nur in gewisser Hinsicht passen müssen, während sie übrigens denselben sehr inkongruent sind; wodurch dann der Widerstreit zwischen dem Angeschauten und dem Gedachten sehr grell hervortritt".[77]
Diese Begriffsbestimmungen weisen nicht auf die Absichten des Parodisten und die verschiedenen Funktionen der Parodie hin, sondern sie verdeutlichen die parodistische Technik, durch welche die der Parodie eigene komische Wirkung hervorgerufen wird: die Substitution eines geringfügigen Gegenstandes, welcher der übernommenen, „erhabenen" Form nicht gemäß ist.

II. Die Parodie im 20. Jahrhundert

Die Bedeutung der Parodie und ihres Begriffes im 20. Jahrhunderts ist für uns in zweierlei Hinsicht von Interesse: einmal ist es für eine urheberrechtliche Regelung wichtig, die gegenwärtigen Erscheinungsformen der Parodie zu kennen. Zum zweiten ist es nützlich, die Begriffsbestimmungen der neueren Zeit zu betrachten, in der Hoffnung, daß sie dem gegenwärtigen und zukünftigen Parodieschaffen am ehesten gerecht werden und daß sie sich für unsere eigene Definition als hilfreich erweisen werden.

1. Die Erscheinungsformen der Parodie

a) *Die literarische Parodie*

Die Ende des 19. Jahrhunderts beliebten Parodiesammlungen werden auch in unserem Jahrhundert weitergeführt. Eine der bekanntesten An-

---

[76] Heinrich *Schneegans*, Geschichte der grotesken Satire, Strassburg, 1894, S. 34.
[77] Arthur *Schopenhauer*, Die Welt als Wille und Vorstellung, Wiesbaden 1966, Bd. II, S. 176.

thologien stellt diejenige *Hanns von Gumppenbergs* dar (Das Teutsche Dichterross in allen Gangarten vorgeritten, 1901). Neben vielen anderen Dichtern werden darin besonders trefflich Rilke, George und Wedekind aufs Korn genommen und kritisch parodiert. „Gumppenberg hat durch die Mannigfaltigkeit seines Parodieverfahrens, sein großes Geschick zur stilistischen Nachbildung, den kritischen Gehalt, aber auch durch die Komik seiner Imitationen, die oft vor der Banalität nicht zurückschreckt, einen beachtlichen Publikumserfolg erzielt."[78]
Ähnliche Sammlungen veröffentlichten u. a. *L. Presber, H. Reimann, A. Eichholz, E. Heimeran* und – einer der bekanntesten deutschen Parodisten – *Robert Neumann*[79].
Heimeran sieht in der Herausgabe einer derartigen Parodiesammlung vornehmlich die Aufgabe, „die Parodie in ihrer Vielfalt zu zeigen: als Kampfmittel, als literar-historisches Dokument, als kulturgeschichtliche Erscheinung, als eine Sonderform des Gelegenheitsgedichtes, und mundartlichen Humors, als Gassenhauer, geflügeltes Wort, als Ausdruck der Kinder- und Schulbubentändelei, des Studentenulkes und Soldatenwitzes, des höheren Unsinns und der tieferen Bedeutung".[80]
Die literatur-kritische Parodie, welche zusammen mit den banal-komischen und unterhaltenden Persiflagen in den Anthologien anzutreffen ist und die sich von *L. Eichrodt* und *F. Mauthner* über *R. Neumann* bis zur Gegenwart verfolgen läßt[81], wird aber auch im 20. Jahrhundert von der politischen, sozial- und zeitkritischen Parodie an Bedeutung und geistiger Relevanz übertroffen.
Politische Ereignisse und soziale Mißstände wie z. B. Korruption, Mißbrauch der Religion, der aufsteigende Nationalsozialismus, militaristische Auswüchse, Wiederaufrüstung usw. werden von Dichtern und Schriftstellern wie *Wedekind, Morgenstern, Kästner, Tucholsky, Mehring, Ringelnatz, Brecht* und vielen anderen parodistisch kommentiert und kritisiert. Die Autoren bevorzugen dabei die lyrische Gattung und schöpfen aus der riesigen Fülle der literarischen Überlieferungen, aus dem mächtigen Schatz archetypischer Formen, mythischer Themen und Stoffe.
„So begegnen Umformungen der Oden des Horaz, der mittelalterlichen Sequenzdichtung, der katholischen Liturgie-Texte, des protestantischen Kirchenliedes, der Barocklyrik, des klassischen Hymnenstils, der Verse

---

[78] *Rotermund*, Gegengesänge, S. 31.
[79] L. *Presber*, Das Eichhorn und andere Satiren, o. J.; H. *Reimann*, Von Karl May bis Max Pallenberg in 60 Minuten, 1924; A. *Eichholz*, In flagranti, Parodien, München 1954; E. *Heimeran*, Hinaus in die Ferne mit Butterbrot und Speck, 2. Aufl., München 1942; R. *Neumann*, Mit fremden Federn, Stuttgart 1927; *ders.* Unter falscher Flagge, Berlin 1932.
[80] *Heimeran*, S. 12.
[81] Z. B. Karl *Hoche*, Schreibmaschinentypen und andere Parodien, München 1971; Dieter *Saupe*, Autorenbeschimpfung und andere Parodien, München 1972.

Goethes und Hölderlins, ja der gesamten Lyrik vom Rokoko bis zur Gegenwart, schließlich der anonymen Gattungen des Volks- und Kinderliedes und des Bänkelgesanges."[82]
Gerade bei dieser politisch-satirischen Parodieform läßt sich erneut feststellen, daß die verwendete Textvorlage, deren Form oder Strukturierung nachgeahmt wird, oft nicht zugleich auch das parodierte und kritisierte Objekt darstellt – parodistisches Mittel und parodierter Gegenstand sind gerade in der kritisch-satirischen Parodie sehr oft nicht miteinander identisch. Es ist nicht das Kinderlied „Was bringt der Weihnachtsmann dem Fränzchen?", welches von *Brecht* in seinem Gedicht „Und was bekam des Soldaten Weib?" kritisiert und verspottet wird, ebensowenig ist es der Autor, *Hoffmann von Fallersleben*. „Das Gedicht soll die Inadäquatheit eines Bewußtseins aufdecken, das in egoistischer Beschränktheit nur die persönlichen Vorteile des Krieges sieht."[83] Als heutige Vertreter dieser zeitkritischen Parodieart können etwa *Hans Magnus Enzensberger, Friedrich Torberg* (der auch literatur-kritische Essays geschrieben hat)[84] und *Peter Rühmkorf* genannt werden[85].
Oft werden beim Stichwort „zeitgenössische Parodisten" auch Namen wie *Thomas Mann* und *Friedrich Dürrenmatt* genannt. Gewiß eignet diesen beiden Dichtern die besondere Wertschätzung des Phänomens der Parodie,und sie haben sich damit auch eingehend befaßt, doch erfüllt die Parodie sowohl nach Mann wie nach Dürrenmatt ganz andere Funktionen, als es der Begriff im ersten Moment erwarten läßt.
Friedrich Dürrenmatt z. B. charakterisiert den „Akt der Parodie" mit der „Wiedererlangung der künstlerischen Freiheit"[86]. In der heutigen Zeit sei der Künstler nicht mehr von freien Stoffen umstellt, sondern von Stoffen, „die nicht mehr Stoffe, d. h. Möglichkeiten, sondern schon Gestalten, d. h.: Geformtes sind". Die Wissenschaft habe dem Künstler durch ihre Forschungen die Stoffe entzogen, da sie „selber das tat, was doch Aufgabe der Kunst gewesen wäre".[87] Aus diesem Grunde muß der Künstler nach Dürrenmatt die Gestalten, die er überall antrifft, reduzieren und wieder zu Stoffen machen: „Er parodiert sie, d. h., er stellt sie im bewußten Gegensatz zu dem dar, was sie geworden sind. Damit ... gewinnt er wieder seine Freiheit und damit den Stoff, der nicht mehr zu finden, sondern

[82] *Rotermund*, Die Parodie, S. 178.
[83] *Rotermund*, Die Parodie, S. 172.
[84] Z. B. „Katharina Blum". Jetzt böllert's. Parodie anstelle einer Besprechung, von Friedrich *Torberg*, in: Der SPIEGEL, Nr. 35, 1974, S. 100.
[85] Hans Magnus *Enzensberger*, landessprache, Frankfurt 1960; Friedrich *Torberg*, PPP – Pamphlete, Parodien, Post Scripta, 1965; Peter *Rühmkorf*, Irdisches Vergnügen in g, Fünfzig Gedichte, Hamburg 1959; *ders.* Kunststücke, Fünfzig Gedichte nebst einer Anleitung zum Widerspruch, Hamburg 1962.
[86] Friedrich *Dürrenmatt*, Theaterprobleme, Zürich 1955, S. 41.
[87] *Dürrenmatt*, S. 42.

nur noch zu erfinden ist, denn jede Parodie setzt ein Erfinden voraus."[88] Wir sehen: die Parodie im Sinne Dürrenmatts unterscheidet sich von der bisher erwähnten außer ihrer geschilderten neuen Funktion dadurch, daß sie nicht formale Strukturen bekannter, vorgegebener Werke übernimmt und sie mit neuen Inhalten, mit neuen Stoffen verbindet, sondern bereits geformte Stoffe wieder „entformt", d. h. sie von ihrer Aura, vom „rezeptionsgeschichtlichen Hintergrund"[89] entblößt. „Die Dramaturgie der vorhandenen Stoffe wird durch die Dramaturgie der erfundenen Stoffe abgelöst."[90] In Dürrenmatts Werken sind derartige Verfremdungen und Gegenentwürfe recht offen anzutreffen. Denken wir z. B. an „Romulus den Großen", der bei Dürrenmatt *entgegen* dem historisch-wissenschaftlich erforschten Bild eines schwachen, unfähigen Regenten nun als kluger und weiser Hühnerzüchter dargestellt wird!

b) *Die Parodien der übrigen Kunstgattungen*

Noch zu Beginn des 20. Jahrhunderts dachte man, wenn von der Parodie als solcher die Rede war, nur an die literarischen Parodien, allenfalls noch an die Opernparodien, die ihre Hochblüte in der Zeit des 19. Jahrhunderts erlebten.
Im Verlaufe unseres Jahrhunderts aber entstanden mehr und mehr Parodien in andern Kunstmedien. Der Grund für diese späte, jedoch stark anschwellende Produktion von musikalischen, filmischen und bildnerischen Parodien ist folgender: Parodien können ihre Wirkung nur dann entfalten, wenn ihre Vorlagen und, bei der kritischen Parodie, das als Zielscheibe dienende Objekt der Leser-, Zuhörer- bzw. Zuschauerschaft, den Rezipienten, bestens bekannt sind[91]; dies wiederum ist nur dann möglich, wenn die Kunstwerke (oder allenfalls andere Vorlagen wie soziale Gegebenheiten, Anschauungen, Sitten und Gebräuche etc.) einer breiteren Masse bekanntgemacht werden können. In der Antike waren es Theateraufführungen und öffentliche Versrezitationen, welche dem Volke die Stücke und Oden näherbrachten. Deshalb wurden in der Folge hauptsächlich Dramen, Oden und deren Interpretationen parodistisch imitiert. Durch die Erfindung und die darauffolgende stetige technische Verbesserung der Buchdruckkunst erfolgte neben den Theateraufführungen und den übrigen öffentlichen Darbietungen eine ungeahnte Verbreitung literarischer Produkte, zu welchen sich sogleich eine große Anzahl Parodien

---

[88] *Dürrenmatt*, S. 43.
[89] Theodor *Verweyen*.
[90] Vgl. auch: Reinhold *Grimm*, Parodie und Groteske im Werke Friedrich Dürrenmatts, Germanisch-romanische Monatsschrift, NF. Band XI, Heidelberg 1961, S. 431 ff.
[91] „Jede Abwandlung ins Komische verlangt erst einmal eine Kenntnis des Originals". E. *Heimeran*, S. 11 Vgl. Anm. 79.

gesellte[92]. Durch die vielfältigen neuen technischen Errungenschaften entstanden neue Kunstmedien (Film und Fernsehen), die Möglichkeiten der bekannten Kunstbereiche vermehrten sich, neue und differenziertere, zum Teil miteinander verwobene Werkgattungen verbreiteten sich: Comic Strips, Fernsehspiele, multimediale Musikkonzerte, Posters etc. Zugleich wurde es möglich, diese verschiedenartigen Produkte in kürzester Zeit Millionen von Menschen zugänglich und bekannt zu machen. Damit war die erwähnte Voraussetzung für die Entfaltung der parodistischen Wirkung gegeben. In der Folge wurden auch diese dem außerliterarischen Bereich angehörenden Kunstwerke parodiert, sofern es ihre Eigenheiten zuließen. Es entstanden und bestehen in den verschiedenen Massenmedien sogar spezielle Bereiche und Sparten, welche sich ausschließlich der Satire, Karikatur und Parodie widmen: spezielle Fernsehsendungen (Cartoon), Cabarets, Comic-Strips und natürlich die in immer größerer Zahl erscheinenden Witzblätter und satirischen Zeitschriften[93].
Diese humoristischen Blätter verwenden beinahe alle parodistischen, karikierenden und satirisch-polemisierenden Techniken und Verfahren und setzen dabei zeichnerische, bildnerische, literarische und z. T. auch musikalische Mittel ein, um bestimmte Objekte (vor allem im sozial-ethischen, politischen und gesellschaftlichen Bereich) anzugreifen und zu kritisieren.
Durch die vielfältigen Möglichkeiten der Massenmedien und der technischen Reproduzierbarkeit interpretatorischer Leistungen können die Künstler heute ihre Schöpfungen erheblich wirkungsvoller auf dem Kunstmarkt verbreiten und vermehrt verwerten. Davon zeugt auch die zunehmende Zahl der Verwertungsgesellschaften, welche die materiellen Interessen ihrer Mitglieder wahrnehmen.
Ein Musikstück, ein Film oder ein modernes Gemälde repräsentieren potentielle Marktwerte, welche sich oft durch geschicktes „Management", durch psychologische Werbung und entsprechende Künstler-Images in effektive Vermögenswerte umwandeln lassen. Die Parodie, als kirchen-, welt- und literaturkritische Waffe schon längst bekannt, erhielt nun durch diese unser Jahrhundert prägende Verwertung der Kunstprodukte als wirtschaftliches Konkurrenz- und Kampfmittel eine neue, nicht sehr sym-

[92] Eine ähnliche, jedoch nicht völlig vergleichbare Situation läßt sich im Bereiche der Oper im 19. Jahrhundert feststellen. Die vielen Aufführungen in den riesigen Theatern ermöglichten es, die immer neu entstehenden Opern dem Einzelnen sehr schnell bekannt zu machen; dadurch gewannen sie zusehends an Beliebtheit, was sich indirekt wieder in der riesigen Zahl von Opernparodien und -travestien niederschlug. Vgl. M. *See,* Opernparodie und Parodieoper, Neue Zeitschrift für Musik, CXXVII, 1966, S. 111 ff.

[93] Kladderadatsch, Simplizissimus, Stachelschwein, Pardon (alle Deutschland), Caricature, Punch (Großbritannien), Charivari (Italien), Krokodil (UdSSR), MAD (USA), Nebelspalter (Schweiz) usw.

pathische Funktion. Eingesetzt wird die Parodie vorwiegend in der Film- und Fernsehbranche und im Bereiche der Unterhaltungsmusik[94]. Hier gilt es, durch geeignete Regeln besonders aufmerksam allfällige urheberrechtliche Verletzungen durch solche parodistische Imitationen zu verhindern zu suchen.
Dieser kurze Überblick der verschiedenen, heute vorkommenden Parodiearten zeigt uns, daß eine Beschränkung des Parodiebegriffs auf literarische Erzeugnisse nicht mehr zu vertreten ist, haben doch die Parodien des außerliterarischen Bereiches zusehends an Bedeutung gewonnen und lassen oft gerade sie hinsichtlich des Urheberrechts echte Probleme entstehen.
Der Vollständigkeit halber wäre noch zu bemerken, daß im volkstümlichen Bereich eine unüberblickbare Menge von parodistischem und karikierendem Volksgut existiert, das sehr schwierig zu untersuchen ist, da sich selten Geschriebenes oder auf andere Art Festgehaltenes finden läßt. Man kann hier durchaus von einer eigentlichen Subkultur sprechen. Das Bedürfnis des Volkes, ehrwürdigen Institutionen, verherrlichten und erhabenen Dingen unserer Welt ein wenig von ihrem Glanz zu nehmen, scheint sehr groß zu sein.
Durch witzige Sprüche, Lieder, Zeichnungen und oft auch persönliche Darstellungen, werden die „störenden Eigenschaften" ins Lächerliche gezogen, das Bischofsbarett wird in den Straßengraben geworfen.
Nicht nur an Hochzeitsfeiern oder anderen privaten Festen, auch auf dem Schulhausplatz, an den Stammtischen, in den Universitäten und unter Soldaten wird unendlich viel parodiert und karikiert. Handelt es sich nun um ins Derb-komische abgewandelte Bibel-Sequenzen im Sinne „Wer's glaubt, wird selig, und wer stirbt, wird mehlig", um Volkslieder in der Art „Freut euch des Lebens, ds Schuelhuus isch verbrönnt, freut euch vergebens, sie baue wieder es nöis", oder sind es bekannte, aber abgewandelte Zitate wie „Drum prüfe, wer sich ewig bindet, ob er auch eine Wohnung findet", stets sind es dieselben parodistischen Methoden und Verfahren, welche verwendet werden: in den formalen Rahmen eines bestimmten Objektes wird ein neuer, zum Teil mit dem alten Stoff verbundener Inhalt gesetzt. Zu einem großen Teil sind es aber auch parodistische Stilimitationen, welche in der Volksdichtung – oft auch unfreiwillig – verwendet werden[95]. Diese parodistischen und humoristischen Umdichtungen und Imitationen werden fast ausnahmslos in der „privaten Sphäre" einer Gesellschaftsgruppe und ausschließlich mündlich überliefert, wobei der Au-

---

[94] Von den im Ersten Teil dieser Arbeit besprochenen 14 Parodie-Urteilen stammen 5 aus der Film- und 4 aus der Musikbranche.

[95] Unfreiwillige parodistische Formen begegnen uns häufig in der sog. Grabpoesie: „Hier unter diesem Leichenstein ruht eine Jungfrau: Rosa Klein. Sie suchte lange vergebens einen Mann, zuletzt nahm sie der Totengräber an."

tor meist vergessen wird. Urheberrechtliche Probleme scheinen hier keine vorzuliegen.

2. *Begriffsbestimmungen im 20. Jahrhundert*

Eine differenzierte und in ihrer Art erste Abhandlung über Funktion, Wesen und Wert des Phänomens Parodie gibt *Hans Grellmann* im Reallexikon der deutschen Literaturgeschichte[96]. Er fordert für die Begriffsbestimmung der Parodie als wesentlichstes Merkmal die „gewollt komische Wirkung". Weiter müßten der Definition zwei Erweiterungen zugestanden werden: zum ersten brauche sich die Nachdichtung nicht immer an eine konkrete Vorlage zu halten. „Das Vorbild kann in der rein gedanklich erfaßten, typischen Ausprägung von zeitlichen Anschauungen, Sitten und Gebräuchen, von Berufsgewohnheiten usw. bestehen."[97]
Zum zweiten fordert er, daß sich die Begriffsbestimmung nicht einseitig auf die literarische Parodie beschränken dürfe, sondern fähig sein müsse, auch die Nachbargebiete miteinzubeziehen.
Hinsichtlich ihrer Wirkung unterscheidet Grellmann zwei Arten der literarischen Parodie: die rein komische und die kritische. „Die erste Art ... will nicht das ernste Vorbild der Lächerlichkeit preisgeben; ihr Endziel ist lediglich, eine sich selbst genügende Heiterkeit zu erregen. Der ursprüngliche Text bildet nur den neutralen Hintergrund, von dem sich die Parodie als selbständiges Gebilde abhebt."[98]
Die in der kritischen Parodie erzeugte Komik hingegen wolle zu einem bestimmten oder zu einem „imaginären, eine besondere Geisteshaltung repräsentierenden Vorbild" Stellung nehmen. Die rein kritische Parodie sei noch verhältnismäßig harmloser Natur, indem sie die „formalen Charakterfehler", die charakteristischen Sonderheiten, die im Vorbild zur Manier geworden sind, zur Zielscheibe ihres Spottes nehme.
Bei der schärferen Art der kritischen Parodie, der polemischen, gehe es dem Autor nicht mehr nur um „lachende Kritik", sondern um „schonungslose Entlarvung und Unschädlichmachung eines Gegners".[99]
Wesentlich undifferenzierter als Grellmann beschreibt *Artur Kutscher* Wesen und Funktion der Parodie: „Das Wesen der Parodie ist eine Kritik an darstellerischen Schwächen, am Ungestalteten, an der Machart ... Parodie ist nicht Stilkopie und nicht Polemik, sondern Stilkritik."[100] Dieser Definition fügt er eine Beschreibung der vier Möglichkeiten parodisti-

---

[96] Hans *Grellmann*, Parodie, in: Reallexikon der deutschen Literaturgeschichte, Bd. II, 1926/28, S. 630 bis 653.
[97] *Grellmann*, S. 631.
[98] *Grellmann*, S. 632.
[99] *Grellmann*, S. 633.
[100] Artur *Kutscher*, Stilkunde der deutschen Dichtung, Allgemeiner Teil, Bremen-Horn 1951, S. 157.

scher Technik an; entweder werde die äußere Form eines „würdigen Gegenstandes" übertrieben und verzerrt oder dieser Form werde ein anderer lächerlicher Gegenstand gegeben. Es könne drittens ein nichtiger Gegenstand von „schwacher Form" in „starker Form" gegeben werden oder „es kann der Gegenstand selbst in einen ernsten, würdigen verwandelt werden unter Beibehaltung seiner ursprünglichen Form. In allen vier Fällen zergeht die Form durch den andersgearteten Gegenstand und damit in sich selbst".[101]

Eine der neueren Begriffsbestimmungen der Parodie stammt von *Erwin Rotermund*, die er seiner Studie der „parodistischen Formen und Tendenzen in der modernen deutschen Lyrik von 1890–1930" vorangestellt hat[102]. Seine Definition gewann er im Anschluß an die Etymologie des Wortes *παρωδία* und gestützt auf eine kurze Geschichte des Begriffs: „Eine Parodie ist ein literarisches Werk, das aus einem anderen Werk beliebiger Gattung formal-stilistische Elemente, vielfach auch den Gegenstand übernimmt, das Entlehnte aber teilweise so verändert, daß eine deutliche oft komisch wirkende Diskrepanz zwischen den einzelnen Strukturschichten entsteht. Die Veränderung des Originals, das auch nur ein fiktives sein kann, erfolgt durch totale oder partiale Karikatur, Substitution (Unterschiebung), Adjektion (Hinzufügung) oder Detraktion (Auslassung) und dient einer bestimmten Tendenz des Parodisten, zumeist der bloßen Erheiterung oder der satirischen Kritik. Im zweiten Falle ist das Vorbild entweder Objekt oder nur Medium der Satire."[103]

Rotermund engt demnach den Begriff Parodie ein und will damit lediglich die literarischen Persiflagen bezeichnen.

Theodor Verweyen schließlich versucht in seiner Schrift „Eine Theorie der Parodie", anhand der parodistischen Lyrik Peter Rühmkorfs der literarästhetischen Parodiediskussion einen neuen Interpretationsvorschlag beizusteuern[104]. Dabei soll seiner Meinung nach nicht nur das Verhältnis Originalwerk-Parodie untersucht werden, sondern es müsse auch der „kommunikative Zusammenhang von Literatur und lebensweltlichem Kontext" berücksichtigt werden. Dieser neue Interpretationsvorschlag erscheint vorwiegend bei denjenigen Parodien anwendbar, deren Objekte und Streitgegenstände mit den verwendeten Literaturvorlagen nicht mehr identisch sind.

Die weiteren Überlegungen Verweyens erweisen sich für unsere, auf die urheberrechtlichen Probleme ausgerichteten Untersuchungen als wenig nützlich.

---

[101] *Kutscher*, a.a.O.

[102] Erwin *Rotermund*, Die Parodie in der modernen deutschen Lyrik, München, 1963.

[103] Rotermund,a.a.O., S. 3.

[104] Theodor *Verweyen*, Eine Theorie der Parodie, München 1973.

Blicken wir auf das in diesem Kapitel Dargestellte zurück, stellen wir fest, daß die Kunstform Parodie ein außerordentlich vielfältiges, differenziertes und facettenreiches Phänomen darstellt. Ein Phänomen, welches seit mehreren tausend Jahren bekannt, beliebt, aber auch gefürchtet ist. Parodie und menschliche Kultur gehören eng zusammen, wobei wir unter „Kultur" die Gesamtheit der geistigen und künstlerischen Lebensäußerungen der Menschen verstehen.
Die Parodie befriedigt – zusammen mit ihren Artgenossen Satire, Karikatur etc. – ein Urbedürfnis des Menschen: alles von ihm Erstellte, Geformte, Entwickelte, Geäußerte und Eingelebte – kurz: alles Menschliche (und meist Allzumenschliche) aus einem völlig anderen Gesichtswinkel betrachten, sich mit ehrwürdigen Institutionen, Anschauungen, Gesinnungen, Kunstwerken, künstlerischen Stilarten und -formen im wörtlichsten Sinne auseinanderzusetzen und sie von der Gegenseite her betrachten zu können. Der Parodist sucht den Gegenpol und schafft dadurch ein Spannungsfeld, welches der objektiven Meinungsbildung dienlich ist: Verhältnisse und Ansichten werden relativiert, Einseitigkeiten aufgehoben, extremen Anschauungen wird ein Gegenentwurf zur Seite gestellt, die These begegnet der Antithese.
Daß die Parodie auch mißbraucht und nicht oder nicht nur ihrer positiven Relativierungsfunktion wegen benutzt wird, liegt auf der Hand: seien es nun ideelle oder materielle Gründe, welche jemanden bewegen, mittels parodistischer Werke eine Person oder eine Personengruppe zu beleidigen, auf unfaire Art anzugreifen und sie in den Schmutz zu ziehen oder sie wirtschaftlich zu schädigen und um ihren gerechten Lohn zu bringen – diese Fälle gilt es zu verhindern. Hier begegnet der Rechtsordnung im allgemeinen – dem Persönlichkeits-, dem Straf- und dem Urheberrecht im besonderen – ihre Aufgabe: sie soll einerseits solche Mißbräuche zu verhindern suchen, welche dem Parodisten viel, dem Angegriffenen nichts und der Allgemeinheit wenig einbringen. Andererseits soll sie dort die Parodie unterstützen und fördern, wo sie ihr Lebensrecht in echter Weise geltend machen kann. Dort, wo sie sowohl der Allgemeinheit wie auch den direkt Betroffenen zum Nutzen gereicht.

8. Kapitel: Die Elemente und die Hauptarten der Parodie

A. Die Elemente der Parodie

Nach der Herausarbeitung der wichtigsten Erscheinungsformen der Parodie und nach der näheren Betrachtung der Bedeutungsänderungen des

Parodiebegriffes im Laufe der Zeit wird es möglich, das Phänomen Parodie im Hinblick auf seine wesentlichsten, fünf Elemente zu untersuchen, nämlich: Absicht, Objekt, Medium, Mittel und Wirkung.

I. Die Absicht des Parodisten

Des Parodisten Motivationen und Ziele lassen sich in folgende drei Arten unterteilen: rein komische Unterhaltung, Kritik und wirtschaftliche Schädigung bzw. Gewinnerzielung.

1. Die rein komische, unterhaltende Absicht

Mit der rein komischen, unterhaltenden Parodie bezweckt der Parodist nichts weiter als die Erregung von Heiterkeit und Spaß. Ihn treibt die Freude am Spiel, die Lust am Unsinn. Er will niemanden und nichts angreifen. Dabei bedient er sich vorwiegend bekannter Kunstwerke, indem er mit deren Formelementen jongliert, ihnen unpassende Sujets unterlegt oder mit ihnen fremde Stoffe einkleidet. Die dadurch erzeugte Komik besteht um ihrer selbstwillen. Durch diese Art der Parodie wird die Vorlage zwar meist lächerlich gemacht, doch geht es hier um einen harmlosen Spott, den niemand ernst nehmen darf, da hinter ihm keinerlei tiefgehendere kritische oder satirische Absicht steckt.

2. Die kritische Absicht

Im Gegensatz zur unterhaltenden Parodie will der Schöpfer der kritischen Parodie nicht in erster Linie unterhalten, sondern sich mit einem Objekt, sei es nun ein Kunstwerk, eine bestimmte Geisteshaltung oder ein Ereignis aus dem Zeitgeschehen, kritisch auseinandersetzen. In den häufigsten Fällen legt er seinen Finger auf besondere Schwächen des angegriffenen Objektes, übertreibt sie in formaler, stofflicher oder gesinnungsmäßiger Hinsicht und macht sie dadurch deutlich. Er will sich „in den Panzer einschleichen, um Autor und Produkt von innen her in die Luft zu sprengen."[1]

Die auch dieser Art von Parodie eigene Komik dient hier als Mittel zum Zweck. Die Absicht des Kritisierens und Bloßstellens kann mehr oder minder von Aggressivität durchzogen sein: von der harmlosen, unschädlichen bis zur bitterbösen, ätzend-scharfen, oft auch ehrverletzenden, polemischen Parodie gibt es viele graduelle Abstufungen.

---

[1] Robert *Neumann*, Zur Ästhetik der Parodie, in: Parodien, Ges. Ausg., München 1962, S. 557.

3. Die wirtschaftlich schädigende Absicht

Dieser Art begegnet man vornehmlich in unserer Zeit, in welcher Kunstprodukte in bisher ungeahntem Maße verwertet werden. Die Schöpfer dieser Parodien zielen in erster Linie darauf ab, den wirtschaftlichen Absatz und Erfolg des Originalwerkes zu verhindern, zudem möchten sie am materiellen Gewinn der Vorlage partizipieren.
Meist läßt sich die wirtschaftlich schädigende und parasitäre Absicht in einer Parodie schwer feststellen, da stets auch unterhaltende und kritische Elemente eingewoben werden, um den Anschein zu erwecken, es handle sich um eine „echte", d.h. um die vorgängig erläuterte kritische Parodie.

II. Das Objekt

Als Objekte bezeichnen wir alle diejenigen Dinge, welche dem Parodisten als Zielscheibe seiner Kritik dienen können. Damit wird sogleich klar, daß nur bei der kritischen Parodie von einem Objekt gesprochen werden kann. (Bei der rein unterhaltenden Parodie finden wir lediglich ein Medium.)
Als Objekte, welche parodiert, d. h. kritisiert und angegriffen werden können, lassen wir schlechthin alles vom Menschen Hervorgebrachte gelten: die Kunst an sich, d. h. die konkreten Kunstwerke, Stilarten, literarische Modeströmungen, formalistische Zwänge, dann auch bestimmte Geisteshaltungen, politische und religiöse Ansichten, philosophische Theorien, Prophezeihungen, Gesellschaftszustände, Sitten und Gebräuche, Gegenwartsereignisse, Zeitprobleme, Riten und Zeremonien, Manieren und vieles andere mehr.
Dient der Mensch an sich mit seinen Eigenheiten, seinen guten und schlechten Eigenschaften und Charakterzügen, seiner äußeren Erscheinung etc. als Zielscheibe des Spottes, sprechen wir nicht mehr von einer Parodie, sondern von einer *Karikatur*.

III. Das Medium

1. Das Verhältnis zum Objekt

Nicht selten werden Objekte parodiert, indem sich der Parodist eines Trägers, eines Mediums bedient, welches in Gestalt einer vorgegebenen, meist mit bestimmten Normvorstellungen verbundenen und gewisse Assoziationen erweckenden künstlerischen Form eingesetzt wird. Als prägnantes Beispiel ist uns das Gedicht „Und was bekam des Soldaten Weib?" vor Augen, in dem *Brecht* Fallerlebens Kinderlied „Was bringt der Weihnachtsmann dem Fränzchen?" formal als Träger für seine Angriffe gegen

die egoistische Bewertung des Krieges verwendet, welche nach persönlichen Vorteilen Ausschau hält[2].
Oder wir erinnern uns an den im ersten Teil dieser Arbeit erläuterten Prozeß vor dem Landgericht Berlin, in welchem eine vierzeilige Strophe des bekannten Liedes „Ich bin von Kopf bis Fuß auf Liebe eingestellt..." umgeändert wurde in „Wir sind von Kopf bis Fuß auf Morde eingestellt..."[3].
Nach Ansicht des Gerichtes sind bei dieser abgeänderten Strophe die Voraussetzungen für das Vorliegen einer Parodie nicht gegeben, da das Ziel der Parodie stets das zu parodierende Werk sei. Nicht gegen das Lied richte sich der veröffentlichte Text, sondern allein gegen Ulrike Meinhof und ihre Gruppe[4].
In den heutigen Parodiediskussionen wird betont, daß die moderne Parodie dann den Bereich der nur erheiternden Komik und der Kritik hinter sich lasse und zu einer neuen Kunstform mit höherem Anspruch werde, wenn ein bestimmtes Kunstwerk nicht mehr selbst als Objekt und eigentlicher Streitgegenstand fungiere, d. h. nicht selber Angriffsziel und Opfer der Kritik darstelle[5], sondern als „Filter, Medium und Transparentfolie, durch die der Autor mit seiner Welt in Vergleich tritt", benutzt werde[6].
Das als Medium verwendete Kunstwerk sei durch seinen „kommunikativen Zusammenhang" am Angriff auf das eigentliche Objekt aber stets mitbeteiligt. „Gesetzt selbst den Fall, ein klassisches Sujet sei ausschließlich in der Absicht einer Vehikel-Funktion aufgenommen..., ist es von der kritischen Intention stets mitbetroffen."[7]
In der rein unterhaltenden Parodie wird das Kunstwerk ebenfalls nur als Träger und Mittel zur Erzeugung der Komik benutzt, ein angegriffenes Objekt aber fehlt.

2. Die Charakteristik des Mediums

Das Medium fungiert als Gerüst, als Träger oder „Transparentfolie". Deshalb muß ihm notwendigerweise eine gewisse Form eigen sein: eingelebte Sitten, Riten, Zeremonien und Kunstwerke. In diese gegebenen, äußerlich-formalen Rahmen setzt der Parodist neue Inhalte ein und greift das Medium selber oder ein anderes Objekt an. Zudem entsteht durch die Disharmonie des neuen Inhaltes und die durch die unpassende Form geweckten Assoziationen die für die Parodie charakteristische komische Spannung.

---

[2] Vgl. S. 81.
[3] Vgl. S. 20.
[4] Vgl. S. 21.
[5] *Rotermund*, Die Parodie, S. 21.
[6] *Rühmkorf*, S. 169.
[7] *Verweyen*, S. 85.

Das riesige Arsenal künstlerischen Materials bildet vorwiegend den Bereich, aus welchem sich geeignete Träger und Medien für Parodien ergeben.

IV. Die Mittel

Unter Mittel verstehen wir die Methoden, Verfahrensweisen und Techniken, welche bei der Parodierung angewandt werden.

Die bekannteste Formulierung der parodistischen Technik lautet wie folgt: Formale Elemente der ernsten Vorlage (Medium) werden in der Parodie beibehalten, der Inhalt aber wird in nicht dazu passender Weise abgeändert. „Es scheint, daß man einen Teil der Substanz porträtgetreu stehen lassen muß und nur den Rest parodistisch steigern oder verzerren darf."[8] Wird umgekehrt der Inhalt, das Stoffliche der Vorlage beibehalten, die Form hingegen abgeändert, sprechen wir nicht mehr von Parodie, sondern von *Travestie*.

Die Methoden der Veränderung des Mediums (das wie gesagt mit dem Objekt identisch sein kann) lassen sich nach *Rotermund* in vier Kategorien einteilen:

1. die totale oder partiale Karikatur
2. die Substitution (Unterschiebung)
3. die Adjektion (Hinzufügung)
4. die Detraktion (Auslassung)

Sehr oft lassen sich in den Parodien alle vier Arten als Mischformen erkennen, selten tritt nur eine einzige auf.

V. Die Wirkung

Die durch die Parodierung erzielte Wirkung muß komisch sein. Die Parodierungshandlung zielt auf „verzerrende, brechende Nachahmung". Fehlt einem Werk, welches sich sonst durch alle übrigen Elemente der Parodie in ihren bestimmten Bereichen auszeichnet, die komische Wirkung, so nennen wir es nicht Parodie, sondern *Kontrafaktur.*

Die komische Wirkung der Parodie entsteht durch die Diskrepanz zwischen Form und Inhalt, durch den Kontrast zwischen der verwendeten Vorlage und dem Zerrbild. (Neumann spricht von zwei Lachmotiven: „die Spießerfreude am zweckfremden Material" und „die Wiedersehensfreude, die Lust des Erkennens"[9]).

---

[8] *Neumann,* a.a.O., S. 556.
[9] *Neumann,* a.a.O., S. 553.

B. Die Hauptarten der Parodie

Die Herausarbeitung und Beschreibung der fünf Elemente erlauben uns, die Erscheinungsformen der Parodie in Gruppen einzuteilen. Dabei können je nach verwendeten Kriterien verschiedene Parodiearten unterschieden werden; so ist es z. B. möglich, bezüglich der parodierten Objekte, der benutzten Techniken oder bezüglich der speziellen Wirkungen der Parodie zu differenzieren.
Im Hinblick auf die im 3. Teil folgenden urheberrechtlichen Überlegungen wollen wir auf das Merkmal der *Absicht*, des Interesses des Parodisten abstellen und unterscheiden demzufolge zwischen der *spielerischen* und der *kritischen* Parodie, wobei letztere hinsichtlich des kritisierten Objektes weiterunterteilt werden kann, und zwar in die *rein-kritische* und die *kritisch-mediale* Parodie.
Diese drei Parodiearten definieren wir folgendermaßen:

1. Unter der *spielerischen Parodie* verstehen wir ein literarisches oder künstlerisches Erzeugnis, welches mittels bestimmter Techniken ein Kunstwerk variiert und verändert, primär um damit *Heiterkeit und Komik* zu erzeugen, um das Werk zu verspotten und der Lächerlichkeit preiszugeben.
2. Unter der *rein-kritischen Parodie* verstehen wir ein literarisches oder künstlerisches Erzeugnis, welches sich *kritisch* mit dem Kunstwerk selbst auseinandersetzt und dabei dessen formale und/oder materielle *Schwächen und Fehler* in komischer Art und Weise aufzeigen will, indem gewisse Formelemente des Werkes übernommen, variiert und verändert werden.
3. Unter der *kritisch-medialen Parodie* verstehen wir ein literarisches oder künstlerisches Erzeugnis, welches sich vermöge eines Kunstwerkes kritisch mit einem *ganz anderen, völlig fremden Objekt* auseinandersetzt und dabei die Schwächen und Fehler dieses Objektes auf komische Art und Weise aufzeigen will.

Daraus folgt: Ein Kunstwerk parodieren, heißt, dessen formale Gestalt und/oder dessen inhaltliche Stoffe und Sujets zu übernehmen oder mehr oder minder zu verändern und umzubilden in der Absicht, dadurch Heiterkeit hervorzurufen, das Werk zu verspotten und lächerlich zu machen und/oder auf komische Art und Weise das benutzte Werk oder auch ein ganz anderes Objekt zu kritisieren.
Aus diesen Begriffsbestimmungen wird deutlich, daß uns lediglich diejenigen Parodien interessieren, welche als Medium urheberrechtlich geschützte Kunstwerke verwenden. So scheiden z. B. alle parodistischen kritischen Auseinandersetzungen mit sozialen Institutionen, Anschauungen und Gesinnungen, Sitten, Riten etc. aus dem uns hier beschäftigenden Bereiche aus. Dies meint aber nicht, daß derartige Parodien keine rechtlichen Probleme aufwerfen. Der Parodist solcher Schöpfungen kann

durchaus Rechtsgüter verletzen, welche die Rechtsordnung gegen Angriffe schützt[10].
Wir befassen uns im Folgenden nur mit denjenigen Parodien, welche als Medium ein urheberrechtlich geschütztes Werk verwenden und welche dabei der Gefahr ausgesetzt sind, den Interessenkreis des Urhebers der Vorlage zu tangieren oder gar dessen Rechte zu verletzen.

[10] Zum Beispiel Verletzungen des Persönlichkeitsrechtes nach Art. 28 ZGB, Vergehen gegen die Ehre gemäß Art. 173 bis 178 StGB.

III. Teil: Die urheberrechtliche Problematik der Parodie und Vorschläge zu ihrer Lösung

9. Kapitel: Die Nutzungsrechte des Urhebers und die Werkverwendung des Parodisten

A. Die Situation des Parodisten

I. Vorbemerkungen

Der Parodist, welcher für seine parodistischen Absichten und Zwecke ein urheberrechtlich geschütztes Werk verwendet, läuft Gefahr, durch seine Schöpfung bzw. durch deren Verwertung vermögensrechtliche und ideelle Interessen des Originalwerk-Autors zu verletzen. Er könnte dieser Gefahr begegnen, indem er vor der Veröffentlichung der Parodie die Erlaubnis des Urhebers des parodierten Werkes einholt. Vor der Abklärung der parodistischen Benutzungsmöglichkeiten fragt es sich deshalb grundsätzlich, ob dem Parodisten überhaupt viel daran gelegen ist, daß er bestimmte Kunstwerke ohne Zustimmung der betreffenden Autoren zum Gegenstand einer Parodie machen kann.

Diese Frage scheint nur rhetorischen Charakter zu haben, hält man sich die vielen boshaften Urteile über die Parodisten vor Augen: „Die Parodie ist die letzte Zuflucht des verhinderten Schriftstellers. Parodien schreibt man, wenn man in Harvard zweiter Redaktor der Studentenzeitung ‚Lampoon' ist. Je größer das literarische Werk, desto leichter die Parodie. Gleich danach kommt der Mann, der die Wände im Pissoir bekritzelt."[1] Oder: „Der Parodist ist ein Künstler mit hassendem Herzen, ... oft genug auch ein verunglückter Künstler oder Dichter, einer der nicht zugereicht hat, aus sich selbst Gestalt zu schöpfen, und dessen Ressentiment sich in der Verunglimpfung geschaffener Gestalt auslebt. Der Parodist hat mit dem Stoff: Welt und Seele nichts zu schaffen, er ist der richtige Literat, in dem nicht mehr Haß, nur noch Bosheit wirkt."[2] Diese zwei Zitate lassen erkennen – wenn sie auch für die allgemeine Haltung gegenüber dem Parodisten nicht repräsentativ sind –, daß die Freiheit des Parodisten, sich mit künstlerischem Schaffen parodistisch auseinanderzusetzen, in ho-

---

[1] Ernest *Hemingway* über den Schriftsteller E. B. White, welcher im „New Yorker" eine Parodie über Hemingways Buch „Über den Fluß und in die Wälder" unter dem Titel „Über die Straße und in den Grill" geschrieben hatte. Vgl. Ernest *Hemingway* in der Anekdote, München 1969, S. 16.

[2] Emil *Lucka*, Karikatur und Parodie, in: Die Literatur, Nr. 30, 1927 /28,S. 130.

hem Maße eingeschränkt würde, müßte er vor der Veröffentlichung seiner Arbeit dem Autor des parodierten Werkes die Parodie vorlegen und ihn um Erlaubnis für die Verwertung bitten[3]. Besonders der kritische Parodist könnte sich fragen, ob er jemals noch eine pointierte, polemische Parodie eines Kunstwerkes veröffentlichen könnte, wäre er gezwungen, sein Werk durch den Originalwerk-Urheber begutachten und zensurieren zu lassen. Der Parodist hat demnach ein großes Interesse daran, eine Kunstschöpfung möglichst ohne Einschränkungen parodieren und das resultierende Produkt ohne Erlaubnis des Urhebers des parodierten Werkes in den Verkehr bringen zu können.

Dies ist ihm in folgenden zwei Fällen möglich:

1. Er entnimmt der parodierten Vorlage keine konkreten, individuellen und geschützten Elemente, sondern verwendet nur ungeschütztes Material (Gemeingut). Er verletzt dabei keine vermögensrechtlichen Interessen des Originalwerk-Autors (allenfalls solche ideeller Natur).
2. Er verwendet wohl individuelles, geschütztes Material, jedoch gilt diese Benutzung im Rahmen der gesetzlich geregelten Beschränkungen im Urheberrecht als erlaubt (z. B. Zitierfreiheit)[4].

Es stellt sich damit als erstes die Frage, ob die Schaffung von Parodien noch möglich ist, wenn nur Material aus dem Bereich des Nichtindividuellen, des Gemeingutes, verwendet werden darf, m.a.W. ob der Parodist dadurch in seinen parodistischen Möglichkeiten eingeschränkt wird.

II. Die Notwendigkeit der Übernahme von geschütztem Material

Wer den Standpunkt vertritt, der Parodist besitze außer der Übernahme von geschütztem Material noch vielfältige andere Möglichkeiten, um die für die Wirkung der Parodie notwendige, erkennbare Bezugnahme auf das parodierte Werk herzustellen, verkennt das Wesen der Parodie. Die parodistische *Imitation* der Vorlage hat nicht primär die Aufgabe, dem Leser und Zuschauer deutlich zu machen, mit welchem Werk sich der Parodist auseinandersetzen möchte. Diese sicher notwendige Information könnte der Parodist durchaus mit einigen Andeutungen und Hinweisen vermitteln, ohne daß er sich dabei an individuellem, geschütztem Material der parodierten Vorlage vergreifen müßte.

Vielmehr geht es um folgendes: Die parodistische, veränderte Nachahmung (nicht Kopie!) bewirkt eine intensive Beziehung und hohe Span-

---

[3] „Wenn man den Autor nicht um Erlaubnis zur Parodierung zu bitten pflegt, so geschieht das, weil die Parodie ihm regelmäßig unangenehm ist, seinen Interessen widerspricht." H. O. *de Boor*, Urheberrecht, S. 103.

[4] Die dritte Möglichkeit, die Benutzung von individuellen Elementen eines urheberrechtlich nicht mehr geschützten Werkes (Ablauf der Schutzfrist) steht dem Parodisten natürlich völlig frei.

nung zwischen dem originalen und dem neuen Werk und dient dadurch in erster Linie der für die Parodie charakteristischen (komischen, spöttischen oder kritischen) Wirkung.
Im Gegensatz zu den Vertretern der „konventionellen Kunstarten", welche ihre gedanklichen Vorstellungen und Ideen mittels eigener Methoden und Techniken sinnlich wahrnehmbar machen und in einen künstlerischen Werkkörper einkleiden, hat sich der Parodist darauf spezialisiert, fremde und bereits „gebaute" Werkkörper, künstlerische Gebäude, zu inspizieren und sich je nach Motivation und Absicht mit ihnen auseinanderzusetzen. Seine besondere Leistung besteht also – was vielfach verkannt wird – nicht darin, bestimmte Ideen und Vorstellungen durch einen eigenen, selbst geschaffenen Körper auszudrücken.
Das Besondere und damit auch Anerkennungswerte in der Leistung des Parodisten liegt u. a. darin, daß er sich in ein fremdes künstlerisches Gebäude Eintritt verschafft, sich darin genauestens umsieht und die formalen „architektonischen" Besonderheiten des Hauses sowie dessen innere Ausstattung und die auf den Besucher einwirkenden Kräfte differenziert erfaßt und in sich aufnimmt. Darauf versucht er, dasselbe Gebäude in ganz bestimmter, leicht veränderter Form nachzubauen, sei es nun, daß er sich einfach über das originale Haus lustig macht (bei der spielerischen Parodie), sei es, daß er der Umwelt zeigen möchte, wie schlecht „gebaut" wurde, was sich in Wahrheit hinter der glänzenen Fassade befinde (bei der reinkritischen Parodie), oder sei es, daß er das nachgebaute Haus in unerwarteter und überraschender Weise einrichtet und neu „möbliert" (bei der kritisch-medialen Parodie).
Der Parodist ist also in hohem Maße darauf angewiesen, *gerade* das Individuelle, das Eigenartige, das für den Schöpfer des parodierten Werkes Charakteristische in seiner Parodie zu verwenden; er will sich ja dem Eigentümlichen, dem besonders Gearteten, der Form eines Kunstwerkes annehmen und sich damit auseinandersetzen. Nach *Robert Neumann*, dem Altmeister der Parodie, benützt die Parodie die Nachahmung immer wieder als Mittel zum Zweck: „Sie schleicht sich mit Hilfe der zunächst harmlosen Mimikry in die Welt des literarischen Opfers ein, sie schreibt zunächst einen Absatz ‚mit fremden Federn', sie segelt ein Stück ‚unter falscher Flagge', – aber erst wenn in weiterer Folge das so gestohlene Idiom dazu verwendet wird, das Opfer zu attackieren, zu entlarven, in die Luft zu sprengen: erst durch diese un-gutmütige, un-humorige Aggression wird, was als Nachahmung begann, am Ende zur Parodie. Technisch ausgedrückt: der Parodist hat die Nachahmung als ‚Aufhänger' für seine Parodie benützt." Und: „Parodie schießt auf einen Mann mit der Waffe seiner eigenen Form."[5]

---

[5] Robert *Neumann*, Ästhetik, S. 554/556.

Es scheint mithin eine unerfüllbare Forderung zu sein, wenn vom Parodisten verlangt wird, er könne auf geschützte – weil individuelle – Elemente der parodierten Vorlage verzichten. Auch der angeblich entgegenkommenderweise vorgeschlagene Kompromiß, der Parodist dürfe soviel geschütztes Material verwenden, wie es der parodistische Zweck erfordere[6], erweist sich in der Praxis als unbrauchbar. Wer möchte behaupten, er sei imstande zu entscheiden, wann der parodistische Zweck einer Parodie erreicht sei, bzw. in welchen Fällen der Parodist zuviel „Geschütztes" vom Originalwerk übernommen habe?
Wir meinen grundsätzlich, daß die Zulässigkeit der Parodie nicht danach beurteilt werden soll, wieviele oder wie wenige individuelle geschützte Elemente des Originalwerkes der Parodist in seinem Werk verwendet hat. Es ist weit wirkungsvoller und zweckmäßiger, auf die echte parodistische Leistung, auf die dahinter steckende Absicht und auf die erzielte Wirkung abzustellen.
Wir können somit festhalten, daß es für den Parodisten notwendig und unvermeidlich ist, für seine parodistischen Ziele geschützte Teile des parodierten Werkes zu übernehmen. Ob diese Benutzung die Urheberrechte des Originalwerk-Autors verletzt oder ob sie unter einen gesetzlich geregelten, zulässigen Benutzungstatbestand fällt, ist nun weiter abzuklären. Vorgängig soll noch kurz auf die konkreten Möglichkeiten der Werkbenutzung eingegangen werden.

III. Die konkreten Gestaltungsmöglichkeiten

Die Literatur- und Kunstlexiken sowie die einschlägigen Wörterbücher treffen hinsichtlich der parodistischen Technik eine Unterscheidung: je nachdem formale oder inhaltliche Elemente des Originalwerkes übernommen werden, spreche man von Parodie oder Travestie. Der Parodist übernehme die Form seiner Vorlage und setze einen unpassenden Inhalt hinein, der Schöpfer einer Travestie hingegen kleide den Inhalt des Originalwerkes mit einer ebenfalls unpassenden, jedoch neuen Form ein. Für uns scheint es wenig sinnvoll, die drei herausgearbeiteten, im Kapitel 8 definierten Parodiearten hinsichtlich der vielfältigen Verfahrens- und Verwendungsmodi z. B. in rein parodistische oder rein travestierte Formen noch weiter zu unterscheiden. So klar z. B. der theoretische Unterschied zwischen Travestie und Parodie sein mag, in der Praxis gehen die beiden Arten vielfach ineinander über[7].

---

[6] So im BGH-Urteil vom 26. März 1971 in UFITA Bd. 62 (1971) S. 265 = GRUR 1971, 588 ff.

[7] Verfasser bekannter parodistischer Werke gaben diesen oft unrichtige Überschriften, nannten Parodie, was Travestie ist, und umgekehrt. Karl *Rosenkranz* verwechselt in seiner „Ästhetik des Häßlichen" die beiden Arten des öfteren; ge-

Für unsere Zielsetzung ist von der Tatsache auszugehen, daß alle drei Arten – die spielerische, rein-kritische und die kritisch-mediale Parodie – das Originalwerk mehr oder minder stark verwenden, ihm in unterschiedlichem Umfange Elemente und Bruchstücke entnehmen. Diese Benutzung des parodierten Werkes zeigt sich in praxi in unendlich vielen Variationen und Abstufungen, in den mannigfaltigsten Differenzierungen und Abwandlungen. Je nach Talent und Begabung, je nach Lust und Laune, je nach Absicht und Zweck verwenden die Parodisten ihre Vorlagen völlig unterschiedlich. Daher erscheint es als fruchtloses Unterfangen, diese zahlreichen Verwendungsarten nach bestimmten Kriterien zu gruppieren und differenzierter zu erfassen. Der Benutzungsmöglichkeiten des Parodisten sind zuviele. Wir wollen deshalb im Hinblick auf die urheberrechtliche Beurteilung der parodistischen Werkverwendung nur kurz auf die möglichen Verwendungsarten hinweisen.

1. Gestaltung in quantitativer Hinsicht

Der eine Parodist übernimmt das ganze Originalwerk, läßt vielleicht zwei, drei Worte, Takte oder Bildelemente weg oder fügt solche hinzu und erreicht dadurch eine intensive parodistische Wirkung. Der andere Parodist verwendet in seiner Parodie lediglich zwei, drei Namen eines Romans, ein einzelnes musikalisches Motiv oder ein Sujet des parodierten Bildes und erzielt durch das Zusammenwirken dieser einzelnen Elemente mit dem eigenen, selbst beigesteuerten Anteil ebenfalls eine eindringliche parodistische Wirkung. Zwischen diesen beiden Benutzungsextremen sind unzählige Abstufungen und Variationen möglich.
Oft sieht der Parodist auch von Hinzufügungen und Unterschiebungen eigener Anteile ab. Er erhält die parodistische Wirkung alleine durch Umstellung, Variierung und Mischung der Teilelemente des Originalwerkes. Eine proportionale Verhältnismäßigkeit zwischen parodistischer Wirkung und Verwendungsgrad des parodierten Werkes besteht nicht.
Die meisten Parodien freilich bewegen sich im Mittelfeld zwischen den beiden Benutzungsextremen, da es zunehmend schwieriger wird, die parodistischen Absichten und Ziele zu verfolgen, je weniger Elemente des Originalwerkes bzw. je weniger eigene Hinzufügungen in der Parodie verwendet werden.

2. Gestaltung in qualitativer Hinsicht

Auch hinsichtlich der Qualität der übernommenen Elemente stehen dem Parodisten mannigfaltige Möglichkeiten offen. Den literarischen Werken kann er Satzgefüge, Versteile, Bruchstücke von Dialogen, Beschreibun-

---

rade er beklagte sich aber, daß Parodie und Travestie so häufig verwechselt würden (S. 461, Anm. 89).

gen u.a.m. entnehmen. Personen, Namen (als Träger von bestimmten Vorstellungen und Assoziationen), Orte, soziale Umgebung, geschichtliche Epoche des Originalwerkes, Geschehnisse, Situationen, Handlungsabläufe, Kompositionsmethoden, Kombinationen und vieles andere mehr stehen dem Parodisten (theoretisch) für seine Zwecke zur Verfügung. Bei den musikalischen Schöpfungen sind es Motive, Themen, Melodien, Rhythmen, Klangfarben, Ausdrucksmittel usw., bei den Werken der Malerei können es Themen, Sujets, dargestellte Gegenstände, Farbkombinationen, Bildschichten (Hintergrund, Vordergrund) etc. sein, welche für Parodien vom Originalwerk übernommen werden können.

B. Die Benutzungsmöglichkeiten im Urheberrecht

I. Umgestaltung und Bearbeitung

Das ausschließliche Herrschaftsrecht des Urhebers dehnt sich auch auf die veränderte Wiedergabe eines Werkes aus. Der Urheber kann nicht nur verbieten, daß Dritte das Werk in seiner ursprünglichen Gestalt verbreiten, vervielfältigen usw., sondern er besitzt auch die Möglichkeit, Bearbeitungen und andere Umgestaltungen des Werkes zu untersagen[11].
Gemeinhin werden in den Diskussionen über die Verwendung eines geschützten Werkes verschiedene urheberrechtlich relevante Benutzungstatbestände festgelegt, welche in diversen Begriffen ausgedrückt werden, die zwischen den zwei Extremformen „völlig unveränderte Wiedergabe" und „freie Benutzung" eines Werkes liegen. In den Urheberrechtsgesetzen und in der Rechtslehre findet man verschiedenste Termini wie Nachahmung, Umgestaltung, Bearbeitung, unfreie und freie Benutzung, Plagiat, abhängige Nachschöpfung, Werke zweiter Hand, Änderung, Anlehnung, Entlehnung, Anknüpfung und anderes mehr. Den meisten dieser Begriffe mangelt es an präzisen Bedeutungsbestimmungen und klaren Abgrenzungen, so daß dieselben Bezeichnungen oft für verschiedene Sachverhalte benutzt werden. Diese Schwierigkeiten und Unsicherheiten in der urheberrechtlichen Begriffssystematik betreffend Werkbenutzung und -änderung spiegeln sich sowohl in der Wahl und Verwendung wie auch in den unterschiedlichen Einteilungen und Abstufungen dieser Begriffe.
Es sind nun hauptsächlich zwei Grenzlinien, deren Festlegung im Felde der mannigfaltigen Werkveränderungen den Urheberrechtlern seit jeher Schwierigkeiten bereiten.
Einmal sind jene Veränderungen eines Werkes von allen übrigen abzugrenzen, welche sich nur sehr gering vom Originalwerk unterscheiden.

---

[11] Vgl. Art. 4, 12, 13 URG/CH; §§ 3, 23 UG/BRD; Art. 6 bis RBÜ.

Sie werden gemeinhin mit *Umgestaltungen* bezeichnet[12]. „Unter ‚Umgestaltungen' sollten solche Umarbeitungen verstanden werden, die nicht das Original durch andere Ausdrucksmöglichkeiten, wie dies z. B. bei der Übersetzung oder filmischen Bearbeitung der Fall ist, zur Geltung bringen, sondern eine Umgestaltung in der Weise vornehmen, daß das Originalwerk als Grundlage der Umgestaltung verschwindet und das umgestaltete Werk als originales unabhängiges Werk ausgegeben wird (Plagiat), oder daß das Originalwerk eine Umgestaltung erfährt, die nicht ausreicht, um eine neue, selbständige Schöpfung daraus zu machen."[13] Hinzufügungen einzelner Anmerkungen oder Erläuterungen, Streichungen oder Verschiebungen einiger Wortstellen, Änderung einzelner Noten u.a.m. können in der Regel als Umgestaltungen bezeichnet werden. Sie zeichnen sich mehr durch handwerkliche und technische als durch individuelle Leistungen aus[14].

An die Umgestaltung genzt die *Bearbeitung*, welche mit der ersteren gemein hat, daß auch ihre Veröffentlichung und Verwertung (welche stets eine Verwertung des Originalwerkes bedeutet) an die Erlaubnis des Originalwerk-Urhebers gebunden ist.

Als Bearbeitung wird ein Werk verstanden, „in dem die künstlerische Aussage eines Originalwerkes schöpferisch umgeformt wird, wobei einerseits das Originalwerk erkennbar bleibt, andererseits der Bearbeiter aber eine gestaltende Leistung erbringt, die dem Werk in Form oder Inhalt eine neue, eigentümliche Prägung verleiht."[15]Der Bearbeiter verfolgt somit den Zweck, ein originales Werk in andere künstlerische Ausdrucksformen zu transponieren (z. B. Verfilmung eines Romans) oder dem Originalwerk eine andere Formgestaltung zu geben (z. B. Übersetzungen). Er läßt deutlich erkennen, daß es sich um das alte Werk handelt; dessen Identität bleibt unberührt. Eine Werkveränderung, welche das Originalwerk nicht mehr erkennen läßt, hat den Bereich der Bearbeitung verlassen.

Durch die in der Bearbeitung zum Ausdruck gelangende individuelle Formgebung ist das neue Werk schutzfähig, dem Bearbeiter wird an seiner Schöpfung ein Urheberrecht gewährt[16].

Nach diesen Erläuterungen der verschiedenen Begriffe und ihrer charakteristischen Kennzeichen stellen wir fest, daß die Parodie der Bearbeitung

---

[12] § 23 UG/BRD verwendet den Terminus „Umgestaltung" als Oberbegriff, der auch die Bearbeitung einschließt und ein Synonym für „abhängige Nachschöpfung" (Ulmer) darstellt. Vgl. *Möhring/Nicolini*, Anm. 3 zu § 23, S. 180.

[13] Gustav *Brugger*, Der Begriff der Bearbeitung und Verfilmung im neuen Urheberrechtsgesetz, in: UFITA Bd. 51 (1968), S. 96; vgl. auch Begründung zum Reg Entw., in: UFITA Bd. 45 (1965) S. 266.

[14] Vgl. *Fromm/Nordemann*, Anm. 1 zu § 23, S. 125; *Möhring/Nicolini*, Anm. 3 zu § 23, S. 180; a. M. *Brugger*, a. a.O., S. 95.

[15] *Brugger*, a.a.O., S. 91.

[16] Art. 4 URG/CH; § 3 UG/BRD.

sehr ähnlich scheint, ja daß sie gemäß der gemeinhin verwendeten Kriterien durchaus unter den Begriff Bearbeitung subsumiert werden muß: In der Parodie bleibt das ihr zugrundegelegte Werk wie in der Bearbeitung deutlich erkennbar (es muß ja notwendigerweise erkennbar bleiben, will die Parodie ihrer Wirkung nicht entsagen), der Parodist erbringt gleich dem Bearbeiter (meistens) eine eigene gestaltende Leistung, die dem Werk eine individuelle Prägung verleiht. Auch die Bezeichnung „Werk zweiter Hand", welche dem Begriff „Bearbeitung" oft gleichgesetzt wird[17], deutet auf die Qualifikation der Parodie als Bearbeitung hin: das Originalwerk wird ein zweites Mal von fremder Hand umgeformt, ohne daß es seine Identität verliert. Dies läßt sich grundsätzlich auch von der Parodie sagen, doch merken wir gerade hier, daß das Besondere der Parodie, ihre spezifische Wirkung und Absicht, ihr besonderer Zweck, durch die Anwendung der üblichen Abgrenzungskriterien der Bearbeitung nicht berücksichtigt wird. Deshalb verbindet sich mit der Qualifizierung der Parodie als Bearbeitung ein Gefühl des Unbehagens, denn man spürt, daß diese Beurteilung dem Wesen der Parodie nicht gerecht wird (abgesehen davon, daß die Verwertung der Parodie von der Zustimmung des Originalwerk-Urhebers abhängen würde).
Entsprechend wird die Qualifikation der Parodie als Bearbeitung von vielen Urheberrechtlern als unangemessen und ungeeignet betrachtet, da sie dem Wesen und der Bedeutung der Parodie nicht gemäß sei. Deshalb wird die Parodie meistens als sog. „freie Benutzung" beurteilt.

II. Das Problem der „freien Benutzung"

Die Lehre von der „freien Benutzung" stützt sich auf die Ansicht, daß sich der kulturelle Fortschritt nur entwickeln könne, wenn ein neues Kunstwerk (das seinerseits auf früherem Kulturschaffen fußt) in einem bestimmten Grade als Ausgangspunkt für spätere Schöpfungen verwendet werden dürfe[18]. Die Möglichkeit, Anregungen und Ideen aus anderen Werken zu entnehmen, dürfe nicht unterbunden werden; die bestehenden Schöpfungen sollten den Künstler zu eigenem Schaffen anspornen dürfen. Das Kulturleben bedürfe der ungehinderten geistigen Auseinandersetzung[19]. Deshalb rechtfertige das Interesse des kulturellen Fortschrittes eine Beschränkung des subjektiven Urheberrechts des einzelnen Künstlers dahingehend, daß für die Schaffung neuer Werke die älteren, geschützten Werke „frei benutzt" werden dürften. So begegnen wir in der Doktrin und

---

[17] So z. B. Art. 2 VE II.
[18] Vgl. *Hubmann*, 1. Aufl. S. 145; *Möhring/Nicolini*, Anm. 1 zu § 24.
[19] Vgl. *Bussmann/Pietzker/Kleine*, S. 352.

zum Teil auch in der Rechtsprechung[20] dem Begriff „zulässige freie Benutzung" (kurz: „freie Benutzung").
Die für das Vorliegen einer „freien Benutzung" geforderten Voraussetzungen sind jedoch recht widersprüchlich, und die Abgrenzung zur Bearbeitung erscheint keineswegs klar und eindeutig.
Eine Durchsicht der diesbezüglichen Literatur ergibt etwa folgendes Bild: Die Funktion des Originalwerkes wird bald als Vorbild, Vorlage, Anregung und Modell, bald als Anknüpfungsobjekt, Ausgangspunkt oder Leitweg bezeichnet. Ausschlaggebend für das Vorliegen einer „freien Benutzung" sei, daß das neue Werk in Gesamtwirkung und Gestaltung eine eigenpersönliche Note zeige, so daß ein völlig selbständiges Werk entstehe[21], ein Werk mit neuem Wesenskern und neuen eigenen Grundzügen[22]. Das neue Werk beruhe auf einer Geistestätigkeit, die sich selbständig und frei entfaltet habe[23]. Demgegenüber müsse das originale Werk in den Hintergrund gedrängt werden[24], seine Individualität habe gegenüber der Individualität des neugeschaffenen Werkes zu verblassen[25].
Keine „freie Benutzung" liege dagegen vor, wenn das Originalwerk als Leitweg oder als Grundlage im neuen Werk durchschimmere, wenn verwendete Einzelpartien wesentliche Bestandteile des benutzenden Werkes seien[26], wenn sich der Benutzer durch die Verwendung des fremden Werkes eine Geistesarbeit erspare oder wenn wesentliche, künstlerische Züge, die dem Werk seine schutzfähige individuelle Prägung verleihen, wiederkehrten[27].
Bei der Prüfung einer „freien Benutzung" und bei ihrer Abgrenzung zur Bearbeitung, ist die Quantität der benutzten Teile der Vorlage nicht entscheidend: „Zu vergleichen sind regelmäßig nicht die entlehnten Stellen, sondern die Werke oder die Werkteile, denen Werkcharakter zukommt, im ganzen. Die für den Werkcharakter bedeutungsvollen Ähnlichkeiten sind maßgebend."[28]
Auch nach dem Zweck der Benutzungshandlung dürfe bei der Prüfung nicht unterschieden werden. Wesensmerkmale, die auf Zweck und Wille abgestellt seien, erscheinen als Grundlage einer im Rahmen des Urheberrechts gesuchten Lösung fragwürdig: „Das Urheberrecht ist seinem We-

---

[20] So § 24 UG/BRD, welcher nach BGE 85 II 120 als ungeschriebene Norm auch Bestandteil des schweiz. Rechts ist. Vgl. vorne S. 50.
[21] *Samson*, S. 98; *Brugger*, S. 97.
[22] *Fromm/Nordemann*, S. 129.
[23] *Bussmann/Pietzker/Kleine*, S. 352.
[24] *Samson*, S. 98.
[25] *Ulmer*, S. 222.
[26] *Möhring/Nicolini*, Anm. 2 zu § 24.
[27] *Bussmann/Pietzker/Kleine*, S. 352.
[28] *Möhring/Nicolini*, Anm. 2c zu § 24.

sen nach absolutes Recht... und Verletzungstatbestände sind, jedenfalls in ihren typischen Erscheinungsformen, objektiv zu bestimmen."[29]
Diese kurze Charakterisierung der „freien Benutzung", wie sie sich in Theorie und Rechtsprechung zeigt, erhellt die mannigfaltigen Probleme, welche sich beim konkreten Anwendungsfall ergeben: Wann zeigt das neue Werk eine eigenpersönliche Note, so daß die individuellen Züge des Originalwerkes verblassen? Wann liegt ein neuer Wesenskern vor, wann kann von eigenen Grundzügen gesprochen werden? Wann schimmert das originale Werk als Leitweg durch, wann kehren wesentliche, künstlerische Züge im neuen Werk wieder?
Es erübrigt sich, in diesem Zusammenhang auf die Diskussion der „freien Benutzung" einzugehen und sich ein weiteres Mal mit den undurchsichtigen Begriffselementen auseinanderzusetzen. Unseres Erachtens besteht im Grunde genommen kein Bedürfnis, im Urheberrechtssystem das Institut der „freien Benutzung" einzuführen. Eine „freie Benutzung" im wirklichen Sinne gibt es nicht, und im übertragenen Sinne ist eine solche Bezeichnung überflüssig. Schutzgegenstand des Urheberrechtes bildet eine künstlerische Schöpfung, wenn sie in ihrer Gesamtheit als individuelle, einmalige, sinnlich wahrnehmbar gemachte, gedankliche Vorstellung erscheint. Mithin fällt alles Individuelle, „das den Stempel des Einmaligen trägt und als Einmaliges sich nur gerade hier, bei diesem einen und einzigen Autor so und nicht anders verwirklichen konnte"[30], in den Schutzbereich des Urheberrechtes. Allein diese individuelle Leistung eines Urhebers wird geschützt, „gleichviel, ob sie edel oder banal, ob sie Form oder Inhalt ist"[31]. Sieht man also von den üblichen Beschränkungen (wie z. B. privater Gebrauch, Zitierfreiheit usw.) ab, ist jede Benutzung von individuellen Elementen eines Werkes ohne Zustimmung des Urhebers grundsätzlich unzulässig und stellt eine Urheberrechtsverletzung dar. Somit erübrigt es sich, von sog. „zulässiger freier Benutzung" zu sprechen und Kriterien wie das „Verblassen der individuellen Züge" etc. zu entwerfen.
Das Anlehnen und Anknüpfen an ein urheberrechtlich geschütztes Werk ist immer erlaubt, wenn Nichtindividuelles und damit Gemeingut verwendet wird[32].

---

[29] Stig *Strömholm*, Zur Problematik der Fortsetzung eines urheberrechtlich geschützten Werkes, in: GRUR 1968, 187; vgl. auch *Joseph/Schwanhäusser*, Das Recht auf Fortsetzung, in: GRUR 1962, 445.
[30] *Kummer*, S. 51.
[31] Die Individualität eines Werkes kann sowohl auf der Formgebung wie auf den zum Ausdruck gebrachten Gedanken und Lehren beruhen. Vgl. auch *Kummer*, S. 30.
[32] „Künstlerisches und literarisches Gemeingut ist frei. Und Gemeingut ist urheberrechtlich alles, was Bestand allgemeiner, historischer und kultureller Erfahrung

Da sich die geistige Auseinandersetzung mit einem künstlerischen Werk vorwiegend mit dessen Aussage, Idee, dessen gedanklichem Hintergrund usw. beschäftigt, wird die Entwicklung des kulturellen Fortschrittes durch das Benutzungsverbot von individuellen Werkelementen nicht aufgehalten. Sich mit einem Werk auseinanderzusetzen, auf seinem geistigen Gehalt aufzubauen oder an seinen Aussagen anzuknüpfen, bleibt niemandem verwehrt, solange er dabei nicht Individuelles, welches dem Originalwerk-Urheber zugeordnet werden kann, benutzt.

Das Problem der Benutzung eines urheberrechtlich geschützten Werkes reduziert sich demnach auf die Frage, ob im konkreten neuen Werk Individuelles, an einen bestimmten Autor Gebundenes festzustellen ist. Und die Beantwortung dieser Frage fällt bei weitem nicht so schwer, wie das Abgrenzen der „freien Benutzung" von ihren Nachbarbegriffen nach den gängigen Kriterien. „Wir verfügen nämlich, weil lebenslang von der gesamten Natur nur mit Individuellem umgeben, über die aus immenser Erfahrung gezogene Befähigung, im allgemeinen recht rasch und präzis zu erkennen, was individuell ist, selbst dort, wo wir nicht mit Hergebrachtem und schon Bestehendem vergleichen, sondern nur gedanklich die Streubreite der Möglichkeiten ausmessen."[33]

Auf das Phänomen der Parodie bezogen, wird nun nach diesen Ausführungen recht schnell klar, daß der Parodist grundsätzlich ohne Erlaubnis des Berechtigten keine individuellen Elemente eines fremden Werkes für seine Zwecke verwenden darf. Er bleibt im Bereich der Bearbeitung stekken und ist an die Zustimmung des Originalwerk-Urhebers gebunden. Dennoch wird in der Literatur und Rechtsprechung – wie der erste Teil dieser Arbeit gezeigt hat – die Parodie des öfteren als „freie Benutzung" angesehen.

Eine Gruppe der Vertreter dieser Meinung läßt die Parodie wohl deshalb durchwegs als „freie Benutzung" gelten, weil sie es als ungerecht und „undemokratisch" empfindet, wenn die parodistische Freiheit derart stark eingeschränkt wird, daß der Parodist hinsichtlich der Veröffentlichung seiner Werke der Willkür des Autors der parodierten Schöpfung ausgeliefert ist. Zudem ist man der Ansicht, der besondere Zweck und die spezifische Wirkung der Parodie rechtfertigten eine mildere Anwendung

---

bildet, was Natur und menschliche Verhaltensweise vorlegen. Gemeingut ist aber außerdem alles, was zwar frei ersonnen und rein faktisch ‚einmalig' sein mag, jedoch ebensogut irgendeinem andern Autor hätte in die Hand laufen können, was also gleichsam im Bereich des ‚Erwartbaren' liegt, der Anlage, der Möglichkeit nach allgemein bereits vorhanden ist. ... in diesem Sinne läßt sich sagen, alles Nichtindividuelle sei Gemeingut: denn innerhalb des Nichtindividuellen noch einen Teilbereich ‚Gemeingut' begrifflich abzusondern ist ausgeschlossen." *Kummer*, S. 51/52.

[33] *Kummer*, S. 30.

der Abgrenzungskriterien und damit eine Beurteilung als „freie Benutzung".[34]
Eine andere Gruppe qualifiziert die Parodie ebenfalls als „freie Benutzung", setzt dabei aber voraus, daß die diesbezüglichen Grenzen vom Parodisten stets eingehalten werden. Das heißt, daß die Parodie ein Werk mit neuen Grundzügen darstellen muß, daß das Originalwerk in den Hintergrund gedrängt werden soll und seine individuellen Züge zu verblassen haben. Außerdem dürfen verwendete Einzelpartien der Parodie keine wesentlichen Bestandteile des parodierten Werkes darstellen[35].
Die individuellen Eigenschaften und Qualitäten der Vorlage dürfen nur als Anknüpfungspunkt „für den notwendigen Brückenschlag zu dem parodierten Werk genommen werden, um die Bezugnahme für Leser und Publikum erkennbar zu machen."[36] Durch diese zahlreichen Einschränkungen wird der Parodist in seinen Entfaltungsmöglichkeiten aber ganz empfindlich gehemmt.
Nach den bisherigen Erwägungen stellt die parodistische Werkverwendung also eindeutig einen Eingriff in die Benutzungsbefugnis des Originalwerk-Urhebers dar. Die Parodie muß deshalb als Bearbeitung bezeichnet werden. Es bleibt nun noch abzuklären, ob allenfalls das Recht der Zitierfreiheit die Werknutzung des Parodisten rechtfertigt.

III. Das Zitatrecht

1. Sinn und Zweck des Zitates

Das Zitatrecht beinhaltet das Recht, unter bestimmten Voraussetzungen urheberrechtlich geschützte Werke Dritter ganz oder teilweise zu übernehmen und im Rahmen eines neuen Werkes zu verwerten[37].
Die Zitierfreiheit stellt also eine Beschränkung der allgemeinen Befugnisse des Urhebers dar. Sie rechtfertigt sich durch das Interesse der Gesellschaft an der Weiterentwicklung von Literatur und Kunst, von Wissenschaft, Bildung und Information[38].
„Der Begriff des Zitates umfaßt jede bezugnehmende Wiedergabe eines gedanklichen, kunstschöpferischen oder gestalterischen Gegenstandes (des Zitatobjektes) in einer geistigen Produktion (dem Medium des Zita-

---

[34] So *Allfeld*, S. 134; *Riezler*, S. 291; *de Boor*, S. 103; *Marwitz/Möhring*, S. 138; *Runge*, S. 117; *Voigtländer/Elster/Kleine*, S. 100; *Hubmann*, S. 147; *Möhring/Nicolini*, S. 189.
[35] *Samson*, S. 102; BGH in UFITA Bd. 62 (1971) S. 265 = GRUR 1971, 588 ff.
[36] Kai *Vinck*, S. 253.
[37] Vgl. Art. 15, 25 Abs. 3, 26, 27, 30 Abs. 1 URG/CH; § 51 UG/BRD; Art. 417 ff. 3 Abs. 1 URG/F; Art. 10, 10 bis RBÜ.
[38] Vgl. *Voigtländer/Elster/Kleine, Urheberrecht, Anm. 1 zu § 19, S. 115; Ulmer*, S. 240; *Ökonomidis*, Die Zitierfreiheit, S. 66 ff.

tes) durch den Urheber dieser Produktion (das Subjekt des Zitates)."[39] Der mit dem Zitat verfolgte Zweck, welcher nicht nur für den Umfang, sondern auch für die Zulässigkeit des Zitates entscheidend sein kann, besteht nicht in bloßer Kundgabe des zitierten Werkes. Das Zitat soll vielmehr der Erläuterung und Veranschaulichung eigener oder fremder Ausführungen, der Begründung und Vertiefung eigener Darlegungen, der Unterstützung eigener Ideen sowie der Kritik fremder Ansichten und Meinungen dienen[40].

Das Zitat muß stets ein akzessorisches Mittel bleiben und darf niemals Selbstzweck sein. Ein urheberrechtlich geschütztes Werk in einer neuen Arbeit ohne wesentlichen eigenen Beitrag zu zitieren, um dadurch eigene Leistungen zu ersetzen, stellt einen Zitatmißbrauch und damit eine Urheberrechts-Verletzung dar. Die Zitierfreiheit ist deshalb nach dem Gesetz an die Erfüllung wichtiger Entlehnungsvoraussetzungen gebunden.

2. Voraussetzungen des Zitates

Zwingende Voraussetzung für die Zulässigkeit eines Zitates ist, daß das zitierte Werk veröffentlicht oder erschienen ist[41]. Vor Veröffentlichung oder vor Erscheinen ist für jedes Zitat die Zustimmung des Urhebers einzuholen[42].

Des weiteren wird vorausgesetzt, daß das zitierende Werk seinerseits die urheberrechtlichen Schutzvoraussetzungen erfüllt. Das Zitat muß im Rahmen der zitierenden Schöpfung als fremder Bestandteil erkennbar sein. Das neue Werk darf im Verhältnis zum zitierten Material nicht als Randwerk erscheinen. Oft wird darüberhinaus verlangt, daß das neue Werk eigene Ziele verfolgen müsse, die von denjenigen des zitierten Werkes unabhängig und verschieden seien[43].

Das Änderungsverbot und die Quellenangabe bilden die wichtigsten Voraussetzungen für die Zulässigkeit eines Zitates.

Zum *Änderungsverbot:* die benutzten Teile des zitierten Werkes müssen sowohl hinsichtlich ihrer Form wie ihres Inhaltes unverändert wiedergegeben werden. Eine unzulässige Änderung kann auch darin bestehen, daß Teile des benutzten Materials weggelassen oder Zusätze angefügt werden. Unerlaubt ist auch, das benutzte Material in einem anderen als dem vom Urheber beabsichtigten Zusammenhang wiederzugeben. Lediglich Änderungen in beschränktem Umfange und nach Treu und Glau-

---

[39] *Krause-Ablass*, Zitate, S. 231.

[40] Vgl. Elena *Sciaroni*, Das Zitatrecht, S. 25ff.; *Ökonomidis*, S. 93; *Krause-Ablass*, a.a.O. S. 231.

[41] Vgl. § 51 UG/BRD.

[42] Daß sich die Rechtsfrage des Zitates nur dann stellt, wenn das zitierte Werk urheberrechtlich geschützt ist, muß nicht mehr ausdrücklich erwähnt werden.

[43] *Sciaroni*, S. 31

ben sind statthaft soweit der Zweck dies erfordert, z. B. Druckfehlerkorrekturen, Übersetzungen, Umwandlung in indirekte Rede, Vergrößerungen resp. Verkleinerungen (in der bildenden Kunst) u.a.m.[44]
Die *Quellenangabe* des Zitates, welche ebenfalls eine wesentliche Voraussetzung für die Zulässigkeit des Zitates bildet[45], dient einerseits der Nachprüfbarkeit des Zitates auf seine Richtigkeit und andererseits als Hinweis auf den Ursprung des angeführten Materials. Nach Ökonomidis erscheint die Pflicht zur Quellenangabe „als ein Versuch, die Interessen der Urheber trotz ihrer Beeinträchtigung durch das Zitatrecht mit besonderer Berücksichtigung auch der persönlichkeitsrechtlichen Belange zu schützen."[46]
Lediglich bei solchen Zitaten, deren Quellen als allgemein bekannt vorausgesetzt werden können oder nicht mehr eruierbar sind, kann von der Pflicht einer Quellenangabe abgesehen werden[47].

3. Zitatmißbrauch

Sinnwidrige Benutzung fremden Materials, die eine Entstellung des Sinnes des zitierten Teiles zur Folge hat, und Überschreitung des zulässigen Umfanges des Zitats bilden die häufigsten Zitatmißbräuche. „Es ist heute ... leider keine Seltenheit mehr, daß der Leser trotz wörtlicher und darum scheinbar authentischer Zitierung durch Auslassung entscheidender Worte oder Sätze über den wahren Inhalt des zitierten Werkes gröblich irregeführt wird."[48]
Ein allgemein verbindlicher Maßstab für die Bemessung des Zitatumfanges läßt sich nicht aufstellen[49]. Das Zitat sollte sich auf denjenigen Umfang beschränken, der für den mit der Benutzung der fremden Arbeit verfolgten Zweck erforderlich ist. Deshalb muß im Einzelfall entschieden werden, ob ein Zitat den durch den Zweck gebotenen Umfang nicht überschritten hat, was sich oft als äußerst schwieriges Unterfangen erweist.

4. Klein- und Großzitate

Hinsichtlich der Art des zitierenden Werkes und des Zitatumfanges wird in der Rechtslehre zwischen Klein- und Großzitaten unterschieden[50].

---

[44] *Löffler/Glaser,* Zitierfreiheit, S. 478.
[45] Art. 25 Abs. 4, 26 Abs. 2, 27 Abs. 2, 30 Ziff. 1 URG/CH.
[46] *Ökonomidis*, a.a.O., S. 102.
[47] So z.B. bei geflügelten Worten, Redewendungen und Sprichwörtern.
[48] *Löffler/Glaser*, a.a.O., S. 477.
[49] Vgl. *Troller*, Bd. II, S. 800.
[50] Das bundesdeutsche Urheberrechtsgesetz folgte in § 51 der in Rechtssprechung und Literatur entwickelten Unterscheidung zwischen Kleinzitat (§ 51 Ziff. 2) und Großzitat (§ 51 Ziff. 1).

Unter *Kleinzitaten* versteht man die Aufnahme kleinerer Teile oder einzelner Stellen eines fremden Werkes in eine selbständige literarische Arbeit[51]. „Kleinzitate liegen vor, wenn die angeführten Stellen geeignet sind, eigene Stellungnahmen zu einem Thema zu unterstreichen oder zu vertiefen bzw. wenn sie als Ausgangspunkt für eigene Darlegungen als Gegenstand einer Besprechung oder Kritik herangezogen werden. Wichtig ist, daß die angeführten Stellen nur als Beleg Verwendung finden können und akzessorische Hilfsmittel bleiben müssen."[52] *Großzitate* sind Übernahmen von Werken in neue selbständige wissenschaftliche Werke, welche der Erläuterung des Inhaltes dienen. Das Großzitat beschränkt sich im Gegensatz zum Kleinzitat nicht auf die Wiedergabe von Bruchstücken fremder Werke. Es ist erlaubt, abgeschlossene, vollständige Werke wiederzugeben, aber nur innerhalb einer wissenschaftlichen Arbeit[53].
Wir sehen, daß es durch das Zitatrecht jedermann unter Erfüllung bestimmter Voraussetzungen unverwehrt ist, Teile eines fremden, urheberrechtlich geschützten Werkes in eigenen künstlerischen oder wissenschaftlichen Schöpfungen zu benutzen. Ob von dieser Benutzungsfreiheit auch der Parodist profitieren kann, wird im folgenden Abschnitt geklärt.

5. Die parodistische Werkverwendung als Zitat

Es scheint nun, als ob die spezielle Werkverwendung des Parodisten durch das Zitatrecht, welches – wie vorne erläutert – eine Beschränkung der Benutzungsbefugnisse des Urhebers darstellt, gedeckt sein könnte. Doch die gesetzlich bestimmten Zitat-Voraussetzungen können vom Parodisten nur in den wenigsten Fällen erfüllt werden.
Die Forderung, daß nur aus einem erschienenen oder veröffentlichten Werk zitiert werden darf, und die Auflage, daß das zitierende Werk seinerseits schutzwürdig sein muß, könnte die Parodie noch erfüllen. Auch dem Erfordernis der Quellenangabe könnte unter Umständen vom Parodisten entsprochen werden. Das Änderungsverbot hingegen stellt den Parodisten vor ernste Probleme, bewirkt er doch gerade mit den zum Teil erheblichen Veränderungen der übernommenen Elemente die charakteristische komische Wirkung. Gerade durch das Auslassen oder Hinzufügen einzelner Stellen wird Sinn und Aussage des Urwerkes vollkommen verändert. Der Parodist will ja (in den meisten Fällen) das benutzte Material in einem anderen als in dem vom Urheber beabsichtigten Zusammenhang wiedergeben. Außerdem könnten die entlehnten Stellen weder als Klein- noch als Großzitate angesehen werden, da der Parodist erstens darauf

---

[51] *Löffler/Glaser*, S. 477.
[52] *Ökomomidis, S. 109.*
[53] *Troller*, Bd. II, S. 800; *Sciaroni*, S. 36 ff.; *Ökonomidis*, S. 109 ff.; *Ulmer*, S. 241 ff.

angewiesen ist, umfangreichere Teile aus dem Originalwerk zu benutzen, als es im Kleinzitat zulässig ist. Zweitens kann die Parodie den Bedingungen des Großzitates, in welchem ganze Werke übernommen werden könnten, hinsichtlich der Eigenschaft als wissenschaftliches Werk nicht Genüge tun.

C. Ergebnis

Wir können festhalten: Dem Parodisten liegt sehr daran, seine Schöpfungen veröffentlichen zu können, ohne vorher die Erlaubnis des Autors des parodierten Werkes einholen zu müssen. Wird ihm diese Freiheit nicht zugestanden, so wird seine parodistische Tätigkeit auf ein Minimum reduziert, wird doch der Originalwerk-Urheber in den seltensten Fällen einer Parodierung seines Werkes zustimmen.
Dem Zustimmungserfordernis kann der Parodist nur dadurch entgehen, daß er für seine Parodie keine geschützten Teile benutzt. Das ist ihm aber nur selten möglich. Die Parodie braucht gerade die individuellen Züge und die charakteristischen Besonderheiten eines Werkes, um die komische und kritische Wirkung hervorzurufen. Durch die Befürchtung, das Urheberrecht des Originalwerk-Autors zu verletzen, und durch das Bedürfnis, individuelle Elemente für seine Schöpfung zu verwenden, gerät der Parodist in einen Konflikt. Der Versuch, diesen Zwiespalt in jedem Einzelfall durch ständiges minutiöses Abwägen zu lösen, nimmt dem echten Parodisten die Lust am Parodieren. Es fragt sich, ob ihm diese Beschränkung seiner schöpferischen Freiheit zuzumuten ist. Des weiteren ist klar geworden, daß die Parodie de lege lata dem urheberrechtlichen Begriff der Bearbeitung zugeordnet werden muß. Eine "freie Benutzung" als Rechtfertigung für Eingriffe in fremdes Urheberrecht gibt es nicht.
Aufgrund des Zitatrechtes läßt sich die parodistische Werkverwendung ebenfalls nicht rechtfertigen. Die Benutzung eines fremden Werkes für parodistische Zwecke zeigt sich von derjenigen des Zitates völlig verschieden. Während in der Parodie die benutzten Teile verfremdet und oft in völlig neuem, sinnwidrigen Zusammenhang wiedergegeben werden, ist es Rechtspflicht des Zitierenden, die von ihm verwendeten Stellen in unveränderter und ursprünglicher Form anzuführen, so daß kein Zweifel daran aufkommen kann, was der Autor des Zitates wirklich gemeint und gewollt hat.
Die parodistische Werkverwendung stellt somit nach den meisten geltenden Urheberrechtsordnungen einen unzulässigen Eingriff in die Herrschaftsrechte des parodierten Autors dar.

10. Kapitel: Die Parodierfreiheit

A. Vorbemerkungen

Die bisherigen Ausführungen zeigen, daß sich die gegenwärtige Situation des Parodisten recht ungewiß und problematisch ausnimmt. Ein urheberrechtlich geschütztes Werk zu parodieren, erscheint für den Parodisten ohne Erlaubnis des Originalwerk-Urhebers äußerst riskant, muß er doch stets damit rechnen, sowohl zivil- wie auch strafrechtlich verfolgt zu werden. Daß trotz dieser fatalen Lage dennoch immer wieder Parodien bekannter Kunstwerke entstehen, läßt sich einerseits durch die tolerante, weitherzige Haltung vieler parodierter Urheber (oder auch durch deren Unkenntnis ihrer urheberrechtlichen Befugnisse), andererseits durch die widersprüchlichen Parodie-Urteile der Rechtsprechung erklären. Die internationale Spruchpraxis derjenigen Gerichte, welche sich mit Parodie-Prozessen zu befassen hatten, zeigt, daß sich weder konstante Entscheidungslinien herauslesen lassen, noch grundsätzliche Beurteilungskriterien für Parodien zur Verfügung stehen. Viele der bisher ergangenen Parodie-Entscheidungen sind Dokumente deutlicher Begründungsnot und oft willkürlicher Beurteilung[1].

Es scheint deshalb vom Standpunkt des Parodisten wie auch von demjenigen des Urhebers her wünschenswert, daß diese unsichere Rechtslage beseitigt wird, indem der zulässige Bereich der parodistischen Möglichkeiten abgegrenzt und die vom Parodisten zu erfüllenden Voraussetzungen bestimmt werden.

Die Forderung, der Parodie müsse grundsätzlich ein Lebensrecht gewährt werden, kann von freiheitlich denkenden Menschen kaum zurückgewiesen werden. Alleine schon ihre jahrtausendealte Bedeutung in der Kultur der Menschheit rechtfertigt ihre Existenz als Kunstphänomen. Das zwingende Erfordernis einer Zustimmung des Originalwerk-Autors für jede Verwertung einer Parodie widerspricht dem freiheitlich-demokratischen Rechtsgefühl und ist daher rechtspolitisch nicht zu halten.

Anderseits darf man nicht der Versuchung erliegen, nun die *bedingungslose* parodistische Freiheit zu fordern; dadurch würde erneut ein Ungleichgewicht der Interessen entstehen – diesmal zugunsten des Parodisten.

Das Recht, ein urheberrechtlich geschütztes Werk zu parodieren, sollte wohl anerkannt werden, doch sollte dieses Recht, welches zugleich eine

---

[1] Vgl. z. B. die Urteile der im gleichen Jahre behandelten Fälle Loew's Inc. v. Columbia Broadcasting System und Columbia Pictures Corporation v. National Broadcasting Corporation; S. 35 ff.

für den Urheber nicht unerhebliche Einschränkung seiner Befugnisse darstellt, an bestimmte zu erfüllende Voraussetzungen gebunden sein.

B. Der Interessenkonflikt zwischen Urheber und Parodist

I. Die Beeinträchtigung der Interessen des Urhebers

1. Die urheberrechtlichen Interessen

Wie bereits erläutert, werden durch die parodistische Technik, d. h. durch die Verwendung geschützter Elemente des parodierten Werkes, vermögensrechtliche Interessen des Originalwerk-Urhebers beeinträchtigt: Durch die Entnahme von mehr oder minder umfangreichen Teilen der Vorlage wird ein neues Werk geschaffen und ohne Zustimmung des Berechtigten verwertet.

Neben diesen vorwiegend materiellen Interessen können durch die Parodie noch weitere, mehr persönlichkeitsrechtliche Interessen des Originalwerk-Autors verletzt werden.

Dazu zählt, sein Werk unversehrt wiederzugeben und zu erhalten. Das in vielen Urheberrechtsgesetzen ausdrücklich aufgeführte Recht des Urhebers, sich „jeder Entstellung Verstümmelung oder sonstiger Änderung ... oder jeder Beeinträchtigung des Werkes zu widersetzen, welche seiner Ehre oder seinem Ruf nachteilig sein könnte“[2], das sog. *droit de respect*, kann in mehr oder minder hohem Grade von jeder Parodie beeinträchtigt werden, liegt es doch gerade im Wesen und Sinn einer parodistischen Behandlung, Aussage und Sinngehalt der Vorlage zu verändern und zu entstellen.

Des weiteren ist es möglich, daß ein Urheber nach erfolgter Veröffentlichung das dem Veröffentlichungsrecht verwandte *Rückrufsrecht* ausübt[3] und sein Werk aus der Öffentlichkeit zurückzieht, sei es nun, daß er eine vorschnelle Veröffentlichung rückgängig machen will oder sei es, daß das Werk seiner Überzeugung nicht mehr entspricht[4].

In solchen Fällen könnte eine Parodie des ursprünglichen Werkes u. U. den Interessen des parodierten Urhebers widersprechen, wenn nach dem Rückzug des parodierten Werkes die Parodie weiter im Verkehr und somit der Allgemeinheit zugänglich bleibt.

In einer ähnlichen Lage befindet sich der Künstler, welcher für längere Zeit sein Produkt aus dem „gesättigten Markt“ zurückziehen möchte, um damit das Bedürfnis des Publikums nach seinem Werk wieder anwachsen zu lassen. Existiert eine Parodie dieser Schöpfung, ist es möglich, daß das

---

[2] Art. 6 bis RBÜ.

[3] Art. 11 URG/CH; § 12 Abs. 1 UG/BRD; Art. 19 Abs. 1 URG/F.

[4] Vgl. § 42 Abs. 1 UG/BRD.

Bedürfnis nach dem Originalwerk durch diese Parodie befriedigt wird und der Urheber des Originalwerkes sein Rückrufsrecht nicht mehr wirkungsvoll ausüben kann.
Des weiteren kann es vorkommen, daß der Urheber seine Schöpfung nicht mehr weiter in ihrer ursprünglichen Gestalt verbreiten will und von seinem Änderungsrecht Gebrauch macht (*droit de modification*)[5]. Er ändert z. B. den tragischen Schluß eines Dramas um und läßt das Stück glücklich enden. Auch in einem solchen Fall werden durch eine Parodie des ursprünglichen Werkes die persönlichen und ideellen Interessen des berechtigten Autors entscheidend berührt, macht sich die Parodie weiterhin über Schwächen und Besonderheiten des ursprünglichen Originalwerkes lustig, welche inzwischen vom Autor ausgemerzt oder abgeändert worden sind.
Eine weitere Teilbefugnis des umfassenden Herrschaftsrechtes des Urhebers stellt das Recht auf Anerkennung der Urheberschaft (*droit à la paternité*) dar[6]. Der parodierte Urheber kann in seinen diesbezüglichen Interessen durch die Parodie insofern beeinträchtigt werden, als sich die Anlehnung an das Originalwerk zu gering ausnimmt, so daß ein Großteil der Leser oder des Publikums nicht merkt, daß es sich beim betreffenden neuen Werk um eine Parodie handelt. So entsteht fälschlicherweise die Meinung, es liege eine völlig unabhängige Neuschöpfung vor, die mit dem parodierten Werk nichts zu schaffen habe. Sehr oft verläßt sich der Parodist darauf, daß auch ohne spezielle Bezeichnung für jedermann absolut klar erscheint, welches Kunstwerk antithematisch behandelt worden ist und der Parodie zugrundeliegt. In andern Fällen scheint es hingegen vom Schöpfer einer Parodie geradezu beabsichtigt, Zweifel über die Identität des parodierten Werkes und seines Urhebers offen zu lassen und damit der Meinung Vorschub zu leisten, es handle sich bei der Parodie um das Originalwerk. In solchen Fällen wird man kaum mehr von einer Parodie nach unserer Definition sprechen können.
Denkbar ist es auch, daß ein Parodist „mit fremden Federn" schreibt und das daraus entstehende Produkt dem betreffenden Urheber, dessen Stil, Schreibart u.ä.m. parodistisch imitiert wurde, unterstellt wird. In einem solchen Fall werden weniger die urheberpersönlichkeitsrechtlichen als vielmehr die allgemeinen persönlichkeitsrechtlichen Interessen des Originalwerk-Autors verletzt[7].

---

[5] „Droit de modifier loeuvre, c'est la faculté de l'auteur d'apporter à sa propre création des additions, suppressions, retranchements et toute sorte de modifications, en vue de la rendre conforme à son nouvel état d'âme ou d'esprit, sans que ces changements soient de nature à transformer le genre de l'œuvre età lui donner le caractère d'une nouvelle œuvre originale." Georges *Michaélidès-Nouaros*, Le droit moral de l'auteur, Paris 1935, Nr. 156.
[6] Vgl. § 13 UG/BRD; Art. 6 Abs. 1 URG/F.
[7] Vgl. *Ulmer*, S. 42; Adolf *Dietz*, Das Droit Moral des Urhebers im neuen französi-

2. Die persönlichkeitsrechtlichen Interessen

Es ist möglich, daß sich der Parodist nicht nur mit dem parodierten Werk kritisch auseinandersetzt, sondern auch den Urheber als Person zum Gegenstand seines besonderen Interesses macht. Dabei kann es vorkommen, daß das berufliche oder künstlerische Ansehen, der Ruf und die Ehre des Urhebers beeinträchtigt werden; oder der Parodist verletzt durch seine Schöpfung die Geheim- und Privatsphäre des Urhebers. In solchen Fällen werden Rechtsgüter angegriffen, die nicht vom Urheberrecht, sondern vom allgemeinen Persönlichkeitsrecht[8] und vom Strafrecht[9] geschützt werden.

Ob im Einzelfall eine widerrechtliche Beeinträchtigung eines Persönlichkeitsgutes vorliegt, kann regelmäßig durch eine Interessenabwägung geklärt werden[10].

Diese Übersicht der möglichen Verletzungen der Urheberinteressen durch die Parodie macht deutlich, daß der Urheber in vielfältiger Hinsicht in seinen von Urheberrecht, allgemeinem Persönlichkeitsrecht und Strafrecht geschützten Interessen verletzt werden kann.

Das bedeutet, daß auf der Seite des Parodisten recht gewichtige Gründe vorliegen müssen, welche diese nicht unerheblichen Beeinträchtigungen der Urheberbefugnisse rechtfertigen können.

II. Die Interessen des Parodisten und der Allgemeinheit

Die Interessen des Parodisten sind je nach Art seiner geschaffenen Parodie sehr verschieden.

Bei der *spielerischen Parodie* liegt es dem Parodisten vor allem daran, ein ernstes Kunstwerk in ein witziges, komisches Produkt umzuwandeln. Sein eigenes Bedürfnis besteht darin, mit etwas Vorgegebenem, Geformtem zu spielen; diese Spielerei entspricht einem menschlichen Urbedürfnis und will nichts Bestimmtes bezwecken, sondern findet ihren Sinn in der spielerischen Betätigung selbst. Die Umwandlung einer ernsten bekannten Kunstschöpfung in ein komisches, unterhaltendes Werk ist meist sowohl für den Parodisten als auch für den Aufnehmenden, für das Publi-

---

schen und deutschen Urheberrecht, München 1968, S. 119; *Neumann-Duesberg*, Das besondere Persönlichkeitsrecht der Nichturheberschaft (droit de non-paternité), in: UFITA Bd. 50 (1967) S. 464 bis 467.

[8] Art. 28 Abs. 1 ZGB.

[9] Art. 173 bis 178 StGB.

[10] Vgl. Adolf *Lüchinger*, Der privatrechtliche Schutz der Persönlichkeit und die Massenmedien, SJZ 1974, S. 321 bis 330; Jörg P. *Müller*, Zur Bedeutung der Pressefreiheit beim privat- und strafrechtlichen Ehrenschutz, ZSR 1967, Bd. I, S. 117 ff.; Heinrich *Hubmann*, Grundsätze der Interessenabwägung, in: Archiv für civilistische Praxis, 155, NF 35, 1956, S. 85 bis 134.

kum, recht angenehm und erfreulich. Meistens wird das benutzte Werk seiner Aussagen völlig beraubt, sein Sinngehalt wird durch die parodistischen Veränderungen völlig entstellt, und die Aufnahme der Parodie erweist sich dadurch oft anspruchsloser als die Rezeption des Originalwerkes, was den Interessen eines Großteils der Leser- und Zuhörerschaft entgegenkommt, welche nichts weiter als Zerstreuung und problemlose Unterhaltung sucht.

Die spielerische Parodie entsteht also vorwiegend aus dem Bedürfnis des Parodisten heraus, mit etwas Vorgegebenem zu spielen, mit relativ geringem Aufwand ein spaßiges, angenehmes und unterhaltendes Produkt zu schaffen, welches neben eigenem und fremdem Lustgewinn oft auch materiellen Gewinn und erhöhtes Renommee verspricht.

Wesentlich anders nehmen sich die Interessen des Parodisten einer *rein-kritischen oder kritisch-medialen Parodie* aus. Hier liegt das Hauptbedürfnis des Parodisten im Kritisieren eines bestimmten Kunstwerkes (bei der rein-kritischen Parodie) oder eines anderen Objektes (bei der kritisch-medialen Parodie). Daß Kritik im allgemeinen und Kunstkritik im besonderen in jedem freiheitlich-demokratischen Rechtsstaat nicht wegzudenken sind, darf als unbestritten gelten. Kritik ist notwendig: „Wird die zeitgenössische Kunst als Staatseinrichtung für sakrosankt und tabu erklärt, wird dem Kritiker das Skalpell und Seziermesser entwunden und ihm stattdessen der sanfte Stift eines ‚Kunstbetrachters' in die Hand gedrückt, wird die künstlerische Leistung der leidenschaftlichen Diskussion der Umwelt entzogen, so verstummen die Musen und verhüllen ihr Haupt. Dem Maulkorbzwang für Kritiker folgt der allgemeine Maulkorbzwang auf dem Fuße. Interessenlosigkeit macht sich breit, wo nicht mehr Interesse erregt wird; wo nicht mehr bezweifelt werden kann, stirbt die Bewunderung."[11]

Die Kritik kann als Ausfluß des verfassungsmäßig verankerten Rechtes auf freie Meinungsäußerung verstanden werden, welches seinerseits „als unmittelbarer Ausdruck der Persönlichkeit in der Gesellschaft eines der vornehmsten Menschenrechte" darstellt[12] und als Recht „de décider du bien et du mal, du vrai et du faux, du beau et du laid, de l'utile et du nuisible, dans la religion, la science, l'art ou la politique, ou dans tout autre domaine propre à la réflexion ou au sentiment" verstanden werden kann[13].

Die Kritik ist eine Grundfunktion der denkenden Vernunft. Sie dient der demokratischen, öffentlichen Willens-, Meinungs- und Urteilsbildung, der freien Entfaltung subjektiver Ansichten und Überzeugungen.

---

[11] *Fromm*, Grenzen der Kritik, S. 22.

[12] BVerfGE 7, 188.

[13] Jean-François *Aubert*, Traité de droit constitutionnel suisse, Bd. II, 1967, Nr. 2007. Vgl. auch BGE 96 I 219, 87 I 117, 91 I 485.

Der schöpferische Künstler leistet durch sein Werk einen Beitrag an die kulturelle Entwicklung der Allgemeinheit. Durch die Veröffentlichung eines Werkes wird das Spannungsfeld zwischen Urheber und Allgemeinheit aktiv: das Kunstwerk, verstanden als Ergebnis der Tätigkeit des Schöpfers als Mitglied der Gesellschaft, stellt ein Mitteilungsgut dar, welches der Allgemeinheit zugänglich zu machen ist und das sich sowohl hinsichtlich seiner formalen Gestalt wie auch der darin enthaltenen Aussage und Mitteilung der öffentlichen Diskussion zu stellen hat. Dabei werden die Werke besonders von den Kunstkritikern „geprüft".

„Die anonyme breite Menge der Kunstempfänger bestellt Kunstrichter, die ihr die Wertung abnehmen oder doch mindestens Vorwertungen vornehmen, die für die Geschmacksbildung der Menge, den Erfolg oder Mißerfolg der künstlerischen Leistung zumeist von weittragender Bedeutung sind."[14]

Der Kritiker übt eine Vermittlertätigkeit zwischen Kunstwerk und den Aufnehmenden aus. Er antwortet dem Kunstwerk und befriedigt dadurch den Wunsch der Allgemeinheit nach Darstellung, Klärung, Erörterung und Analyse künstlerischen Schaffens. Der Kritiker will entdecken, herausfordern und provozieren, er „stürzt die falschen Götter und ist auf der Suche nach den wahren Göttern."[15]

Weiter ist zu bemerken, daß alle kritischen Äußerungen als subjektive Urteile wertvoll sind, auch wenn sich nachträglich herausstellt, daß sich der Kritiker (oder der kritische Parodist) geirrt hat. „Der kritische Irrtum ist auf seine Weise ebenso produktiv wie die treffende Kritik... An der scharf formulierten Ablehnung eines Phänomens schärfen sich auch die Waffen der Verteidiger; den Argumenten werden Gegenargumente präsentiert, die Auseinandersetzung bleibt im Fluß."[16]

Das Grundrecht der Meinungsäußerungsfreiheit schützt „nicht nur die Äußerung der richtigen sondern auch die der falschen und nicht haltbaren Meinung."[17]

Die kritische Parodie übt also neben Satire, Karikatur u.a.m. eine gesellschaftliche Funktion aus. Der kritische Parodist erfüllt eine Vermittlerrolle zwischen Kunst und Gesellschaft, zwischen Konsument und Künstler. Er möchte als subjektiv empfindendes und urteilendes Lebewesen seine Meinung zu einem künstlerischen Produkt abgeben. „Der Trieb zur Äußerung eines für wahr erkannten oder für wahr gehaltenen Urteils kann ein ganz elementarer Trieb sein."[18]

---

[14] *Fromm*, Grenzen der Kritik, S. 19.

[15] Günter *Blöcker*, Literaturkritik, in: Kritik in unserer Zeit, München 1960, S. 16.

[16] H. H. *Stuckenschmidt*, Musikkritik, in: Kritik in unserer Zeit, München 1960, S. 56.

[17] BGH LM Nr. 15.

[18] Joachim *Kaiser*, Kritik als spontaner Impuls, in: Kritik, von wem, für wen, wie, hrsg. von Peter Hamm, München 1968, S. 17.

Somit verfolgt der *rein-kritische Parodist* durch seine Tätigkeit durchaus schutzwürdige, berechtigte Interessen; als „geistreicher Ruhestörer" kämpft er gegen den unser Leben bedrohenden Konformismus. Dank dem der Parodie eigenen Spott und Witz ist es dem Parodisten möglich, sich schärfer und besonders treffend mit den Besonderheiten und Schwächen eines Kunstwerkes auseinanderzusetzen. „Der Witz bietet unsereinem die Möglichkeit, über Aggressionen und Zoten zu lachen, ohne uns dieses Lachens schämen zu müssen. Er ist unser ästhetisches Alibi."[19]
Wenn also *Friedrich Luft* die Kritik als „ernste Beschäftigung mit der Heiterkeit der Kunst" bezeichnet, kann die Parodie als heitere Beschäftigung mit der Ernsthaftigkeit der Kunst angesehen werden.

III. Die Interessenabwägung

Die Interessenverfolgung des Parodisten und indirekt der Allgemeinheit führt – wie wir gesehen haben – zur Kollision mit den Interessen des Urhebers. Durch die Verfolgung der parodistischen Ziele werden die berechtigten ,geschützten Interessen des Urhebers verletzt. Es fragt sich nun, ob dem Urheber bei der Ausübung seiner Befugnisse zugunsten des Parodisten und der Allgemeinheit eine Einschränkung auferlegt und diese als gerechtfertigt angesehen werden darf.
Die Ausgestaltungen der Urheberrechtsordnungen zeigen, daß der Urheber die ihm eingeräumten Befugnisse nicht in vollem Umfange ausüben kann; in manchen Beziehungen bleibt die Benutzung der Werke der Allgemeinheit vorbehalten. Diese verschiedenen Schranken des Urheberrechtes, welche den sozialgebundenen Charakter des Urheberrechtes offenbaren, sind zugunsten des allgemeinen Kulturschaffens, der Information, der wissenschaftlichen Forschung, der kulturellen Fortbildung etc. aufgestellt worden. Das Urheberrecht will nicht nur dem Urheber den aus seiner schöpferischen Tätigkeit erwachsenen Gewinn und Werkgenuß zusichern, sondern es ist bestrebt, auch die Allgemeinheit an den Früchten des künstlerischen Schaffens teilhaben zu lassen. Dabei ist stets ein Interessenausgleich anzustreben, so daß für beide Seiten eine möglichst gerechte Lösung gefunden werden kann.
Es stellt sich nun hier die Frage, ob sich durch das parodistische Schaffen als Ausdruck eines vordringlichen Interesses der Gesellschaft eine Beschränkung des subjektiven Urheberrechtes rechtfertigen läßt.
Bei der *spielerischen Parodie* scheint dies nicht der Fall zu sein. Das Originalwerk wird hier lediglich benutzt, um das Publikum zu ergötzen und zu unterhalten, ohne jegliche weitergehende Absicht; der Schöpfer der

---

[19] *Neumann*, Ästhetik, S. 555.

spielerischen Parodie äußert keine Meinung, er möchte mit seiner Umänderung des Originalwerkes der Allgemeinheit nichts mitteilen, sondern das Spiel mit den vorgegebenen künstlerischen Formen ist Selbstzweck. Es ist deshalb fraglich, ob der Originalwerk-Urheber eine solche nicht unerhebliche Beschränkung seines Urheberrechtes hinnehmen muß, damit Dritte das ernst gemeinte Werk verändern und sich am Resultat ergötzen können. Sehr oft stellen denn solche Parodien bloße Veralberungen und Verunglimpfungen bekannter Kunstwerke dar und verunmöglichen in vielen Fällen den weiteren Genuß des Originalwerkes, da stets Erinnerungen und Assoziationen an das parodistische Werk wachgerufen werden, die sich beim Genuß des Originalwerkes störend dazwischen schieben. Zudem ist diese Art von Publikumsergötzung auch ohne Originalwerk-Verwendung sehr wohl möglich (z. B. Schwänke, Schnurren, Possen etc.).
Der *rein-kritische Parodist* hingegen strebt weit schützenswertere Ziele an: er möchte seine persönliche Meinung, sein subjektives Urteil über eine bestimmte künstlerische Schöpfung der Gesellschaft mitteilen. Es ist sein Bedürfnis, Dritten zu zeigen, welche Schwächen und Fehler einem Kunstwerk anhaften. Er möchte die Torheit, Voreingenommenheit, Unüberlegtheit, das Besserwissen, die Einbildung, Anmaßung, das überlebte Konventionelle u.ä.m. des Urhebers entlarven. Die Gesellschaft hat ein großes Interesse an solchen Beurteilungen, subjektiven Anschauungen und Wertungen, da – ähnlich der politischen Meinungsbildung – nur durch Kenntnis auch der extremen Auffassungen eigene Urteile gebildet werden können. Nur die dialektische Diskussion ermöglicht eine endgültige Wertung, die letzten Endes dem Einzelnen, dem Konsumenten, vorbehalten ist. „Nur vermehrte Bildung der Einzelnen zu selbständiger Urteilskraft verhindert eine Diktatur der Werkverbreitungsindustrien."[20]
Der Wunsch der Allgemeinheit nach kritischen, antithematischen Behandlungen von Kunstwerken scheint gerade während der heutigen, recht stürmisch-turbulenten „Kunstwetterlage" größer zu werden, fühlt sich das Individuum doch in seinem Urteil und in seiner Werteinschätzung des modernen und modernsten Kunstschaffens oft überfordert.
Der Schöpfer von rein-kritischen Parodien verfolgt demnach berechtigte, schützenswerte Ziele, welche eine Beeinträchtigung der Interessen des Originalwerk-Urhebers grundsätzlich rechtfertigen.
Bei der *kritisch-medialen Parodie* muß die Situation anders beurteilt werden. Gewiß ist auch ihr ein kritischer Gehalt eigen, ihr Schöpfer hat sich ebenfalls das Ziel gesetzt zu kritisieren. Er greift jedoch nicht das für die Parodie benutzte Werk selbst (das Medium) an, sondern setzt sich mit irgendwelchen andern Objekten auseinander, welche mit dem Medium nichts zu tun haben (vgl. S. 92).

---

[20] Paul *Brügger*, Individuum und Gesellschaft im Urheberrecht, Basel 1970, S. 144.

Durch die Verwendung eines geschützten Kunstwerkes als Träger und formalen Rahmen werden die Befugnisse des berechtigten Urhebers stark beeinträchtigt. Mehr als bei der rein-kritischen Parodie besteht hier die Gefahr, daß Parodie und Originalwerk verwechselt werden könnten oder daß das Publikum die Urheberschaft der Parodie dem Autor des Originalwerkes zuschreibt.

In Anbetracht dieser Feststellungen scheint es, daß die kritisch-mediale Parodie ohne Zustimmung des Urhebers des benutzten Werkes nicht veröffentlicht oder sonstwie verwertet werden darf; eine generelle Freiheit auch für die Schaffung kritisch-medialer Parodien würde einen zu großen Eingriff in das subjektive Recht des Urhebers bedeuten und diese Einschränkung läßt sich kaum durch überwiegende Interessen der Allgemeinheit rechtfertigen.

Zudem ist zu bemerken, daß der Urheber des für die kritisch-mediale Parodie benutzten Werkes seine Zustimmung für die Verwertung der Parodie möglicherweise eher erteilt, da nicht sein Werk kritisiert wird[21]. Auch in diesem Falle stehen dem Parodisten für seine Kritik andere Mittel zur Verfügung als die Verwendung eines geschützten Werkes.

Wir halten fest: einzig die verfolgten Ziele der *rein-kritischen Parodie* scheinen die Beeinträchtigung der Urheberinteressen zu rechtfertigen. Im Gegensatz zu der spielerischen und der kritisch-medialen Parodie stillt die rein-kritische Parodie nicht nur Bedürfnisse ihres Schöpfers, sondern auch solche der Allgemeinheit.

Es stellt sich nun aber gleich die Frage, ob der Schöpfer der rein-kritischen Parodie nicht auch auf andere Weisen und mit anderen Mitteln seine Ziele verfolgen kann (wie dies bei den andern zwei Parodie-Arten der Fall ist), ohne daß er die dem Urheber eingeräumte Rechtsposition angreift. Man könnte die Meinung vertreten, dieselben Ziele ließen sich auch durch beschreibende Kritik, z. B. durch Rezensionen, durch Satire und Ironie erreichen, d. h. auch der rein-kritische Parodist besitze genügend andere Ausdrucksmittel und Mitteilungsmöglichkeiten.

Dazu ist zu sagen, daß sich die parodistische Art der Kritik von der „normalen", beschreibenden Kritik in mancherlei Hinsicht unterscheidet. Durch die parodistische Nachahmung, durch die Verwendung individueller Formteile und anderer Eigenheiten der Vorlage können die schwachen

---

[21] Manche Autoren sprechen der kritisch-medialen Parodie die Eigenschaft als wirkliche Parodie überhaupt ab: „‚Wer nie sein Brot mit Tränen aß, wer nie durch kummervolle Nächte vor einem Bäckerladen wartend saß, der kennt euch nicht – usw.' ... wem wird da zu Leibe gerückt? Nicht Goethe, sondern dem Ernährungsminister. Genau das aber, diese Nicht-Identität des legitimen Inhabers der zum Geschoß verwendeten Form mit dem, auf den geschossen wird, macht das Produkt zu einem humorigen, zu einer Nicht-Parodie. ... Parodie schießt auf einen Mann mit den Waffen seiner eigenen Form." *Neumann*, Ästhetik, S. 554.

und fehlerhaften Stellen, die zu bemängelnde Aussage, und weitere zu entlarvende Besonderheiten viel präziser und treffender dargestellt werden. Es ist oft unmöglich, subjektive Empfindungen und Eindrücke, die durch den Genuß eines Kunstwerkes hervorgerufen werden, exakt und kritisch zu beschreiben und andern mitzuteilen.
Der „normale“ Kritiker versucht, das Kunstwerk zu erläutern und zu analysieren, indem er uns von dessen Struktur, Aufbau und künstlerischem Wert u.a.m. erzählt. Der Parodist hingegen „baut“ das künstlerische Gebäude nach, vergrößert dabei die feinen Risse und Spalten des Originalwerkes und macht sie dem Publikum sichtbar.
Die Parodie wendet sich nicht primär an die Vernunft und den Intellekt des Lesers oder Zuschauers. Sie kann vielmehr sinnlich wahrgenommen und emotional erlebt werden, da sie selbst wiederum ein Kunstwerk darstellt. Vorstellungen, Assoziationen und Erinnerungen an das Originalwerk steigen bei der Wahrnehmung der Parodie auf und disharmonieren nun mit den Gedanken und Eindrücken, welche durch die Parodie selbst hervorgerufen werden. Der Parodist setzt das ursprüngliche Werk in ein neues Licht: es entstehen verzerrte Konturen, anders fallende Schatten. Die kritische Parodie stellt somit eine ganz spezielle ,besonders wirkungsvolle und damit unersetzbare Äußerungsmöglichkeit der Kritik dar, welche auch an ihren Schöpfer hohe Anforderungen stellt. Da sie der öffentlichen Meinungsbildung dient und die allgemeine Diskussion fördert, weckt sie auch die Interessen am Originalwerk. Die Interessen und Bedürfnisse des Parodisten und der Gesellschaft dürfen sich mithin auf Kosten der weniger gewichtigen Einzelinteressen des Originalwerk-Urhebers durchsetzen. Dabei ist darauf zu achten, daß die Beeinträchtigung der Urheberrechte auf das kleinstmögliche Maß beschränkt wird. Damit nicht mehr Interessen verletzt werden, als unbedingt erforderlich ist, muß sich die Freiheit, ein urheberrechtlich geschütztes Werk zu parodieren, innerhalb bestimmter Grenzen halten.

C. Die Voraussetzungen der Parodierfreiheit

I. Das parodierte Werk

Grundsätzlich können alle Kunstwerke als Objekte einer rein-kritischen Parodie verwendet werden. Die verschiedenen Kunstgattungen sind für antithematische Behandlungen jedoch in unterschiedlichem Maße geeignet.
Zwingende Voraussetzung für die Zulässigkeit einer Parodierung ist, daß die parodierte Schöpfung veröffentlicht oder erschienen ist. Die Parodie soll als Antwort auf das Originalwerk verstanden werden.
Deshalb wäre es unbillig, dem Erscheinen eines Kunstwerkes bereits mit

kritischen und spöttischen Äußerungen vorzugreifen. Der Urheber bestimmt, wann seine Schöpfung in die Gesellschaft entlassen werden und zur allgemeinen Diskussion stehen soll. Erst von diesem Zeitpunkt an kann sich der Parodist mit dem Werk kritisch auseinandersetzen.
Wünscht hingegen der Originalwerk-Urheber sein Rückrufsrecht auszuüben, da er sein Werk nicht mehr weiter verbreiten will, müssen bereits vorhandene Parodien nicht aus dem Verkehr gezogen werden.
Wird ein Werk parodiert, *nachdem* der Urheber von seinem Rückrufsrecht bereits Gebrauch gemacht hat, so kann auch diese Parodie noch als zulässig erachtet werden. Sofern sie vom Originalwerk genügend abhängig ist (vgl. hinten, S. 158), besteht keine Gefahr, daß durch ihren Genuß auch das Bedürfnis nach dem Originalwerk befriedigt wird.

II. Die komische Wirkung

Eine weitere Voraussetzung der Parodierfreiheit ist, daß die Parodie als Resultat der Tätigkeit ihres Schöpfers komisch sein muß. In der Regel erreicht der Parodist diese Wirkung durch den Kontrast zwischen Original und Parodie, durch Schaffung einer Diskrepanz zwischen den Personen und ihren Reden und Handlungen etc. Nun ist es klar, daß sich die komische Wirkung einer Parodie nur zeigt, wenn sie der Leser oder Zuschauer auch wahrnimmt; die Komik kommt m.a.W. ohne Humor des Aufnehmenden nicht zustande. Es bedarf einer heiteren, unbeschwerten Einstellung und eines Sinnes für Komik, damit die charakteristische Wirkung der Parodie zur Geltung kommt. Es kann deshalb vorkommen, daß die adäquate Reaktion des Lesers ausbleibt, obwohl alle Bedingungen der Komik in der Parodie vorhanden sind.
Es scheint, daß die psychische Haltung des Aufnehmenden für die Empfindung und den Genuß der Komik ausschlaggebend ist. Und da der Sinn für Komik bei den Menschen verschieden vertreten ist, mögen bei der Beurteilung der komischen Wirkung oft Schwierigkeiten entstehen. „Der gröbere Mensch wird stets am ehesten die groben Effekte würdigen, . . .; der feiner organisierte Mensch wird im Ganzen die stilleren beseelten und tiefer versteckten Momente der Komik vorziehen."[22]
Bei der Bewertung der komischen Wirkung einer Parodie sind deshalb nicht allzu hohe Maßstäbe anzulegen. Wichtig scheint, daß im Verhältnis zum Originalwerk die Parodie eine eindeutig verschiedene Wirkung erzeugt, daß eine deutliche Diskrepanz und Kontrastwirkung festzustellen ist. Ob damit nun komische Knalleffekte oder mildere Formen der Komik bewirkt werden, ist weniger bedeutsam.
Wenn jedoch die Komik in aggressive Bosheit, in persönliche Beleidigung

---

[22] Nicolai *Hartmann*, Ästhetik, Berlin 1966, S. 430.

umschlägt, wenn „der Spaß aufhört", wenn sich das Mitlachen in Mißbilligung verwandelt, so sind die Grenzen des guten Geschmacks überschritten; vor solchen Angriffen muß der Originalwerk-Urheber geschützt bleiben.

III. Die kritische Absicht

Aus der Parodie muß des weiteren eine eindeutige kritische Tendenz ersichtlich sein. Es muß die deutliche Absicht des Parodisten zu erkennen sein, das Originalwerk oder dessen Verhältnis zum Urheber kritisch zu betrachten. Gerade diese kritische Absicht des Parodisten rechtfertigt – wie wir dargelegt haben – ja vor allem die Beeinträchtigung der Urheberinteressen. Die Kritik muß denn auch in der Parodie selber zu spüren sein. Es genügt nicht, daß es in der Absicht des Parodisten lag, sich kritisch mit einer Vorlage auseinanderzusetzen; dieses Vorhaben muß ihm auch gelungen sein. Ob die Kritik berechtigt oder falsch erscheint, ist dagegen unerheblich. *Die erlaubte Parodie muß als Beitrag zum geistigen Meinungskampf eine deutliche, subjektive Stellungnahme zum verwendeten Originalwerk oder zu dessen Urheber beinhalten.*

IV. Das Verhältnis zum parodierten Werk

Ein weiteres wichtiges Kriterium für die Zulässigkeit der Parodie ist im Verhältnis Parodie–Originalwerk gegeben.
Soll verhindert werden, daß die Parodie als Konkurrenzprodukt ihrer Vorlage gegenüber steht, so muß gefordert werden, daß sich die Parodie hinsichtlich ihrer Abhängigkeit von der Vorlage in einem ganz bestimmten Bereich bewegt: sie darf sich weder als zu stark abhängig noch als zu selbständig erweisen. Das meint: die Parodie darf einerseits unter keinen Umständen mit dem Originalwerk verwechselt werden können, die Grenzen zur unerlaubten Nachahmung (oder zum Plagiat) müssen streng beachtet werden. Andererseits darf es nicht dazu kommen, daß der Genuß der Parodie, welche vom Aufnehmenden als Parodie erkannt wird, die aber zu selbständig und ausführlich ist, den Genuß des parodierten Werkes überflüssig macht. Die Parodie muß sich so eng an ihre Vorlage anlehnen, daß sich ihre charakteristische Wirkung ohne vorherigen Wahrnehmung des Originalwerkes bzw. ohne dessen Kenntnis nicht voll entfalten kann. Derjenige, welcher das parodierte Buch nicht gelesen hat, soll aus der parodierenden Fassung nicht klug werden.
Durch diese Forderung einer bestimmten, nicht zu engen und nicht zu lockeren Abhängigkeit von der Vorlage wird der (vom Originalwerk-Urheber am meisten gefürchteten) Gefahr begegnet, daß die Parodie an die Stelle des Originalwerkes tritt und sich dadurch auf dieses gewinnschädigend auswirkt. Der Parodist soll nicht von der Leistung des Original-

werk-Urhebers profitieren, sondern er muß eine eigene Leistung erbringen, welche darin besteht, daß er in witziger Art seine subjektive Meinung und Ansicht zum Originalwerk kund tut. Die Parodie stellt eine individuelle Antwort auf das Originalwerk dar, und wenn eine Antwort auch ohne die dazugehörende Frage verstanden wird, liegt mehr vor als eine bloße Antwort.

D. Rückblick und Schlußfolgerungen

Als Ergebnis der vorangegangenen Überlegungen kann folgendes festgehalten werden:

Der Parodist, welcher ein urheberrechtlich geschütztes Werk parodieren möchte, ist darauf angewiesen, daß er das Charakteristische, das Eigentümliche, das individuell und einzigartig Geformte, kurz: das Geschützte des Originalwerkes für seine Zwecke und Absichten verwenden kann. Die besondere parodistische Wirkung (mit allen ihren Nuancen) läßt sich ohne Übernahme von formalen und inhaltlichen Elementen nicht erreichen. Da eine Parodie in den meisten Fällen den Interessen des parodierten Autors widerspricht, liegt es dem Parodisten sehr daran, seine Schöpfung unabhängig von der Zustimmung des betreffenden Urhebers produzieren bzw. veröffentlichen zu können.
Nach den geltenden Urheberrechtsordnungen stellt jedoch die parodistische Werkverwendung einen eindeutigen Eingriff in die Benutzungsbefugnis des Originalwerk-Urhebers dar. Gemäß den heute angewandten Abgrenzungskriterien muß die Parodie daher als Bearbeitung qualifiziert werden. Ihre Beurteilung als sog. „freie Benutzung", wie sie von manchen Urheberrechtlern vertreten wird, läßt sich auch bei großzügiger Anwendung der an sich schon undurchsichtigen Kriterien nicht rechtfertigen. Auch das Zitatrecht erlaubt nur in ganz wenigen Sonderfällen die parodistische Werkverwendung, da die Zitatvoraussetzungen vom Parodisten kaum erfüllt werden können.
De lege lata ist also die Verwertung einer Parodie eines urheberrechtlich geschützten Werkes von der Zustimmung des berechtigten Urhebers abhängig. Dies bedeutet, daß der altbekannten Kunstform „Parodie" die Daseinsberechtigung durch die relativ neue Institution „Urheberrecht" abgesprochen wird. Daß dieser Zustand eines demokratisch-freiheitlichen Rechtsstaates unwürdig ist, liegt klar auf der Hand.
Eine Abwägung der Interessen des Parodisten, des Originalwerk-Autors und der Allgemeinheit zeigte uns, daß der Schöpfer rein-kritischer Parodien durchaus berechtigte und schützenswerte Ziele verfolgt, welche nicht nur in seinem eigenen Interessen liegen, sondern auch der Allgemeinheit zum Vorteil gereichen. Eine Beeinträchtigung der Interessen des

Originalwerk-Urhebers durch rein-kritische Parodien läßt sich daher grundsätzlich rechtfertigen (im Gegensatz zur spielerischen und kritisch-medialen Parodie). Die rein-kritische Parodie stellt eine ganz spezielle, besonders wirkungsvolle und unersetzbare Äußerungsmöglichkeit der Kritik dar. Sie dient der öffentlichen Meinungsbildung, fördert die allgemeine Diskussion und weckt u. U. die Interessen am Originalwerk.
De lege ferenda ist deshalb an den Gesetzgeber die Forderung zu stellen, die Parodierfreiheit unter folgenden Voraussetzungen ausdrücklich zu gewähren:

1. Es dürfen nur veröffentlichte oder herausgegebene, d. h. der Allgemeinheit zugänglich gemachte Werke parodiert werden.
2. Die Parodie muß im Verhältnis zum Originalwerk eine eindeutig divergierende, komische Wirkung erzeugen.
3. Die Parodie darf keinesfalls mit dem Originalwerk verwechselt werden können, wie dies bei zu enger Abhängigkeit vom Originalwerk der Fall sein kann[23]. Sie darf andererseits jedoch vom Originalwerk auch nicht zu unabhängig sein, d. h. ihre charakteristische Wirkung soll sich nur bei vorheriger Wahrnehmung der parodierten Vorlage voll entfalten können.

Es empfiehlt sich deshalb in künftigen Urheberrechtsgesetzen die Aufnahme folgender Vorschrift:

Ein veröffentlichtes, urheberrechtlich geschütztes Werk darf ohne Zustimmung des berechtigten Urhebers dann parodistisch verwandelt werden, wenn der Parodie eine deutlich komische, von der Vorlage divergierende Wirkung und eine auf das Originalwerk bezogene subjektive kritische Stellungnahme des Parodisten eigen ist und wenn die Parodie das parodierte Werk weder durch zu enge noch zu lose Abhängigkeit konkurrenziert.

Daß es bei der Anwendung dieser Regel im konkreten Einzelfall u. U. schwierig sein wird zu beurteilen, ob die betreffende Parodie nun komisch wirkt, ob sich eine subjektive kritische Stellungnahme des Parodisten spüren läßt, ob der volle Genuß der Parodie auch ohne Kenntnis des Originalwerkes möglich ist usw., kann nicht abgestritten werden. In den meisten Fällen jedoch sollte es ohne große Schwierigkeiten gelingen, anhand der herausgearbeiteten Kriterien zu beurteilen, ob es sich um eine erlaubte oder eine unzulässige Parodie handelt.

---

[23] Die Verwechslungsgefahr mit dem Originalwerk könnte z. B. dadurch ausgeschlossen werden, daß dem Parodisten die Auflage gemacht wird, sein Werk ausdrücklich als „Parodie des Werkes XX" zu bezeichnen.

Literaturverzeichnis

Algardi, Zara. Note in Tema di Parodia e particolarmente di Parodia dell'Opera inedita, in: Il Diritto di Autore, vol. 43, 4, 1972, S. 391 bis 408.

Allfeld, Philipp. Das Urheberrecht an Werken der Literatur und der Tonkunst, München 1902.

Arienzo, Alfredo. La Parodia, in: Nuovissimo Digesto Italiano, vol. XII, 1965, S. 448/449.

Aubert, Jean François. Traité de droit constitutionnel suisse, Bd. II, 1967.

Ball, Horace G. The Law of Copyright and Literary Property, New York 1944.

Baumann, Karl. Das Urheberrecht an der Melodie und ihre freie Benutzung, Diss. Zürich 1940.

Becker, Erik. Parodie und Plagiat, in: Plagiat, Schriftenreihe der Internationalen Gesellschaft für Urheberrecht, Bd. 14, 1959, S. 42 bis 50.

del Bianco, Eric. Le Droit d'auteur et ses Limites, Diss., Lausanne 1951.

Blöcker, Günter. Literaturkritik, in: Kritik in unserer Zeit, München 1960, S. 16 ff.

de *Boor*, Hans Otto. Urheberrecht und Verlagsrecht, Stuttgart 1917.

Brugger, Gustav. Der Begriff der Bearbeitung und Verfilmung im neuen Urheberrechtsgesetz, in: UFITA, Bd. 51, 1968, S. 89 bis 125.

Bussmann/Pietzker/Kleine. Gewerblicher Rechtsschutz und Urheberrecht, 3. Aufl., Berlin 1962.

Caselli, Piola. Codice del Diritto di Autore, Torino 1943.

Cèbe, Jean-Pierre. La Caricature et la Parodie dans le Monde Romain antique des Origines à Juvénal, Paris 1966.

Cohen, Saul. Fair Use in the Law of Copyright, in: ASCAP 6th Copyright Law Symposium, 1955, S. 43 bis 73.

Constant, Charles. Code des Théâtres, 2. Aufl. 1882.

Desbois, Henri. Le Droit d'Auteur en France, 2. Aufl., Paris 1969.

– Parody in France, in: Pinner, World Copyright, Vol. III, 1957, S. 404/405.

Dietz, Adolf. Das Droit Moral des Urhebers im neuen französischen und deutschen Urheberrecht, München 1968.

Dixon, D.M. Parody and Burlesque – Fair Use or Copyright Infringement?, in: 12 Vanderbilt Law Review, 1959, S. 459 bis 481.

Dürrenmatt, Friedrich. Theaterprobleme, Zürich 1955.

Elster, Alexander. Urheber- und Erfinder-, Warenzeichen- und Wettbewerbsrecht, 2. Aufl., Berlin/Leipzig 1928.

Ferrara, Luigi. La Protezione giuridica della Parodia, in: Giuridica Italiana, 1909, S. 11.

Fromm, Friedrich Karl. Grenzen der Kritik, Schriftenreihe der Internationalen Gesellschaft für Urheberrecht, Bd. 27, 1962.

Fromm/Nordemann. Urheberrecht, 2. Aufl., Stuttgart 1970.

v. Gamm, Otto Friedrich. Urheberrechtsgesetz, München 1968.

Giannini, Amadeo. Parody in Italy, in: Pinner, Leo: World Copyright, Vol. III (J–P), Leyden 1953–1960, S. 407/408.

Goldbaum, Wenzel. Urheberrecht und Urhebervertragsrecht, Berlin 1922.

Grellmann, Hans. Parodie, in: Reallexikon der deutschen Literaturgeschichte, Bd. II, 1926/28, S. 630 bis 652.

Grimm, Reinhold. Parodie und Groteske im Werke Friedrich Dürrenmatts, in: Germanisch-Romanische Monatsschrift, NF, Bd. 11, Heidelberg 1961, S. 431 bis 540.

Hadl, Robert D. Parody Lyrics – The „MAD" Magazine-Case, in: Bulletin Copyright Society of the U.S., 1964, S. 319 bis 327.
Hartmann, Nicolai. Aesthetik, 2. Aufl., Berlin 1966.
Heimeran, Ernst (Hrsg.). Hinaus in die Ferne mit Butterbrot und Speck, 2. Aufl., München 1942.
Hempel, Wido. Parodie, Travestie und Pastiche, in: Germanisch-Romanische Monatsschrift, NF, Bd. 15, 1965, S. 150 bis 176.
Hepp, François. Revue de Jurisprudence, in: Musique et Instruments, 1934.
Householder, Fred. Parodia, in: Classical Philology 39, 1944, S. 1 bis 9.
Hubmann, Heinrich. Urheber- und Verlagsrecht, 1./3. Aufl., München/ Berlin 1959/ 1973.
– Grundsätze der Interessenabwägung, in: Archiv für civilistische Praxis, 155, NF 35, 1956, S. 85 bis 134.
Joseph/Schwanhäusser. Das Recht auf Fortsetzung, in: GRUR 1962, S. 444 bis 449.
Kaiser, Joachim. Kritik als spontaner Imuls, in: Kritik, vom wem, für wen, wie, hrsg. von Peter Hamm, München 1968, S. 17 ff.
Kleinknecht, Hermann. Die Gebetsparodie in der Antike, Tübinger Beiträge zur Altertumswissenschaft, Heft 28, Stuttgart/Berlin 1937.
Kohler, Joseph. Das Autorrecht, Jherings Jahrbücher, Bd. XVIII, 1880, (zit. Kohler, Autorrecht).
– Das literarische und artistische Kunstwerk und sein Autorschutz, Mannheim 1892, (zit. Kohler, Kunstwerk).
– Urheberrecht an Schriftwerken und Verlagsrecht, Stuttgart 1907, (zit. Kohler, Urheberrecht).
Koller, Hermann. Die Parodie, in: *Glotta*, Zeitschrift für griechische und lateinische Sprache, XXXV. Bd., 1956, S. 17 bis 32.
Krause-Ablass, Günther, Zitate aus Aufführungen, Tonaufnahmen, Filmen und Sendungen in Film und Rundfunk, in: GRUR 1962, S. 231 bis 240.
Kuhn, Franz. Der Gegenstand des Melodienschutzes von § 13 Abs. 2 LUG, Diss., Leipzig 1909.
Kummer, Max. Das urheberrechtlich schützbare Werk, Bern 1968.
Kutscher, Artur. Stilkunde der deutschen Dichtung, Allg. Teil, Bremen-Horn 1951/52.
Landsberg, Hans. Deutsche literarische Zeitgemälde, Parodien und Travestien, in: Zeitschrift für Bücherfreunde, Heft 9, 1902/03, S. 345 bis 360; Heft 10, 1903/04, S. 393 bis 419.
Lehmann, Paul. Die Parodie im Mittelalter, 2. Aufl., Stuttgart 1963.
Leinveber, Gerhard. Die wichtigsten Neuerungen der deutschen Urheberrechtsreform, in: GRUR 1966, S. 132 bis 137.
Löffler/Glaser. Grenzen der Zitierfreiheit, in: GRUR 1958, S. 477 bis 4 80.
Lucka, Emil. Karikatur und Parodie, in: Die Literatur, Nr. 30, 1927/28, S. 128 bis 131.
Lustig, G. La Parodia nel Diritto e nell' Arte, Napoli 1908.
Lutz, Martin J. Die Schranken des Urheberrechts nach schweizerischem Recht unter Berücksichtigung der europäischen Urheberrechtsgesetze, Diss. Zürich 1964.
MacDonald, Dwight (Hrsg.). Parodies, an Anthology from Chaucer to Beerbohm – and after, London 1960.
Marwitz/Möhring. Das Urheberrecht an Werken der Literatur und der Tonkunst in Deutschland, Berlin 1929.
Michaélidès-Nouaros, Georges. Le Droit moral de l'auteur, Paris 1935,
Milani, L. Parodia, in: Arte delittuosa, Napoli 1943.
Möhring/Nicolini. Urheberrechtsgesetz, Berlin/Frankfurt 1970.
Musatti, A. La Parodia e il Diritto di Autore, in: Rivista Diritta Commerciale, 1909, I, S. 126 ff.

– La Parodia e il Diritto di Autore, in: Scritti giuridici, 1963.
Neumann, Robert. Mit fremden Federn, Stuttgart 1927.
– Unter falscher Flagge, Berlin 1932.
– Zur Aesthetik der Parodie in: Die Parodien, Gesamtausgabe, München 1962, S. 553 bis 563, (zit. Neumann, Aesthetik).
Neumann-Duesberg. Das besondere Persönlichkeitsrecht der Nichturheberschaft (droit de non-paternité), in: UFITA 50, 1967, S. 464 bis 467.
Oekonomidis, Demetrius. Die Zitierfreiheit im Recht Deutschlands, Frankreichs, Großbritanniens und der Vereinigten Staaten, Schriftenreihe der Internationalen Gesellschaft für Urheberrecht, Bd. 42, 1970.
Pakuscher, E. K. Film gegen Fernsehen, in: Juristische Rundschau 1957, S. 88 bis 92.
Peter, Robert. Freie Benutzung und abhängige Nachschöpfung im musikalischen Urheberrecht, Diss. München 1959.
Pouillet, H. Traité de la Propriéte littéraire et artistique, 3. Aufl., 1908.
Rau, F. H. De praepositionis $\pi\alpha\varrho\alpha$ usu, Curtius Studien II, 2, 1870.
Riemann, A. Musiklexikon, 12. Aufl., Mainz 1967.
Riezler, Erwin. Deutsches Urheber- und Erfinderrecht, München/Berlin 1909.
Röhrich, Lutz. Gebärde – Metapher – Parodie, Düsseldorf 1967.
Rosenkranz, Karl. Aesthetik des Häßlichen, Königsberg 1853.
Rossett, Arthur. Burlesque as Copyright Infringement, in: ASCAP 9th Copyright Law Symposium, 1956, S. 1 bis 31.
Rotermund, Erwin. Die Parodie in der modernen deutschen Lyrik, München 1963, (zit. Rotermund, Parodie).
– Gegengesänge, München 1964, (zit. Rotermund, Gegengesänge).
Röthlisberger, Ernst. Das Plagiat, ZSR 36, 1934, S. 131 bis 200.
Rühmkorf, Peter. Irdisches Vergnügen in g, Fünfzig Gedichte, Hamburg 1959.
– Kunststücke, Fünfzig Gedichte nebst einer Anleitung zum Widerspruch, Hamburg 1962, (zit. Rühmkorf, Kunststücke).
Runge, Kurt. Urheber- und Verlagsrecht, Bonn 1948.
Samson, Benvenuto. Das neue Urheberrecht, in: Schriftenreihe der UFITA, Heft 32, 1966.
– Urheberrecht. Ein kommentierendes Lehrbuch, Pullach/München 1973, (zit. Samson, Urheberrecht).
de *Sanctis*, Valerio. Plagiat de chansons, parodies, in: Lettre d'Italie, Droit d'Auteur, IX, 1960, S. 250 ff.
Sandulli, A. Codice del Diritto di Autore, Torino 1943.
Santoro, Emanuele. Brevi Osservazione in Tema di Parodia, in: Il Diritto di Autore, No 1, 1968, S. 1 bis 15.
Savatier, René. Le Droit de l'Art et des Lettres, Paris 1953.
Scaliger, Julius Caesar. Poetices libri septem, editio prima, 1561.
Schneegans, Heinrich. Geschichte der grotesken Satire, Straßburg 1894.
Schopenhauer, Arthur. Die Welt als Wille und Vorstellung, Bd. II, Wiesbaden 1966.
Schumann, Heribert. Fair Use im amerikanischen Urheberrecht, in: GRUR Int. 1969, S. 125 bis 134.
Sciaroni, Elena. Das Zitatrecht, Diss., Fribourg 1970.
See, M. Opernparodie und Parodieoper, in: Neue Zeitschrift für Musik, CXXVII, 1966, S. 232 ff.
Selvin, H. F. Parody and Burlesque of Copyrighted Works as Infringement, in: Bulletin of the Copyright Society of the U.S., Bd. 6, 1958, S. 53 bis 63.
Simeoni, S. La Figlia di Jorio per Gabriele d'Annunzio e la Società Italiana degli Autori, Napoli 1907.
– Parodia e Contraffazione, in: Cassazione Unica, XIX, 1908.
Steinecke, W. Das Parodieverfahren in der Musik, Diss., Kiel 1934.

Stolfi, P. Il Diritto di Autore, Milano 1932.
Strömholm, Stig. Zur Problematik der Fortsetzung eines urheberrechtlich geschützten Werkes, in: GRUR 1968, S. 187 bis 193.
Stuckenschmidt, H. H. Musikkritik, in: Kritik in unserer Zeit, München 1960, S. 56 ff.
Sulzer, Johann G. Allgemeine Theorie der schönen Künste, 1771 bis 1774.
Le Tarnec, Alain. Manuel de la Propriété Littéraire et Artistique, 2. Aufl., Paris 1966.
Torberg, Friedrich. „Katharina Blum". Jetzt böllerts. Parodie anstelle einer Besprechung, in: Der SPIEGEL, Nr. 35, 1974, S. 100 ff.
– PPP – Pamphlete, Parodien, Post Scripta, 1965.
Troller, Alois. Immaterialgüterrecht, Bd. II, 2. Aufl., Stuttgart/Basel 1971.
Ulmer, Eugen. Urheber- und Verlagsrecht, 2. Aufl., Berlin/Göttingen/Heidelberg 1960.
– Der urheberrechtliche Werkbegriff und die moderne Kunst, in: GRUR 1968, S. 527 bis 530.
Verweyen, Theodor. Eine Theorie der Parodie, München 1973.
Vinck, Kai. Parodie und Urheberschutz, in: GRUR 1973, S. 251 bis 254.
Voigtländer/Elster/Kleine. Urheberrecht, 4. Aufl., Berlin 1952.
Walther, Hans. Das Streitgedicht in der lateinischen Literatur des Mittelalters, Berlin 1920.
Weber, Hans. Bearbeitung und Urheberrecht, insbesondere die Bühnenbearbeitung, Diss. Zürich 1935.
Wolpert, Fritz. Der Schutz der Melodie im neuen Urheberrechtsgesetz, in: UFITA, Bd. 50, 1967, S. 769 bis 835.
Yankwich, L. A. What is Fair Use?, in: 22 University of Chicago Law Review, 1954, S. 203 bis 218.
– Parody and Burlesque in the Law of copyright, in: 33 Canadian Bar Law Review, 1955, S. 1130 bis 1154.

Abkürzungsverzeichnis

a.a.O.	am angegebenen Ort
a. M.	anderer Meinung
Anm.	Anmerkung
ASCAP	American Society of Composers Authors and Publishers
BGE	Entscheidungen des schweizerischen Bundesgerichtes
BGH	Bundesgerichtshof
BGHZ	Entscheidungen des Bundesgerichtshofes in Zivilsachen
CBS	Columbia Broadcasting System
CPC	Columbia Pictures Corporation
DdA	Droit d'auteur
GG	Grundgesetz
GRUR	Gewerblicher Rechtschutz und Urheberrecht. Zeitschrift der Deutschen Vereinigung für gewerblichen Rechtschutz und Urheberrecht. Weinheim.
GRUR Int.	GRUR Internationaler Teil.
InterGU	Internationale Gesellschaft für Urheberrecht
KUG	Gesetz betr. das Urheberrecht an Werken der bildenden Künste und der Photographie vom 9. Jan. 1907
LM	Lindenmaier/Möhring, Nachschlagewerk des Bundesgerichtshofes, München, Berlin.
LUG	Gesetz betr. das Urheberrecht an Werken der Literatur und der Tonkunst vom 19. Juni 1901.
NBC	National Broadcasting Corporation
NF	Neue Folge
RBUe	Revidierte Berner Übereinkunft zum Schutze der Werke der Literatur und Kunst
S. D.	Southern District
SJZ	Schweizerische Juristen Zeitung
UFITA	Archiv für Urheber-, Film-, Funk- und Theraterrecht.
UR	Urheberrecht
URG bzw. UG	Urheberrechtsgesetz
UG/BRD	Urheberrechtsgesetz der Bundesrepublik Deutschland
URG/CH	Urheberrechtsgesetz der Schweiz
URG/CH	Urheberrechtsgesetz von Frankreich
VE	Vorentwurf des Bundesgesetzes betreffend das Urheberrecht
ZSR	Zeitschrift für Schweizerisches Recht

Lebenslauf

1947	als Sohn des Kaspar Hefti und seiner Frau Anna, geb. Rhyner in Klosters/GR geboren.
1954–1960	Primarschule in Klosters und Küsnacht/ZH
1961–1968	Realgymnasium Zürichberg (Matura Typ B)
1968	Heirat mit Kathrin Wyler
1969–1973	Studium der Rechtswissenschaften an der Universität Zürich (Abschluß mit Lizentiat)
seit 1974	Mitarbeiter in der Rechtsabteilung der SUISA/ MECHANLIZENZ, Zürich
November 1975	Abschluß der Doktorarbeit, Promotion

FSC
www.fsc.org
MIX
Papier | Fördert gute Waldnutzung
FSC® C083411

Kolibri 360 GmbH
Ferdinand-Jühlke-Straße 7
99095 Erfurt, Deutschland
produktsicherheit@kolibri360.de